高校图书馆阅读推广研究

曹雪琦 著

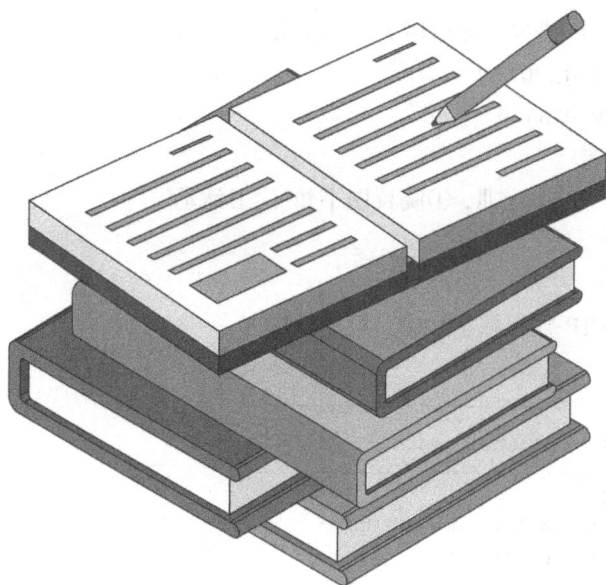

中国纺织出版社有限公司

内 容 提 要

中国高校图书馆肩负着文化传承的使命,具备深厚开展阅读推广工作的历史根基,在建设全民阅读社会的潮流下更要迸发出新的活力与创造力,开创出丰富多彩的阅读推广实践。本书不仅介绍了高校图书馆阅读推广内容、高校图书馆阅读推广组织架构方法和活动策略,还介绍了高校图书馆数字阅读推广方法。全书坚持理论联系实际,以实践为中心,旨在为高校图书馆及同仁们组织开展校内外阅读推广工作抛砖引玉,为全民阅读推广建设添砖加瓦。

图书在版编目(CIP)数据

高校图书馆阅读推广研究 / 曹雪琦著. — 北京:中国纺织出版社有限公司, 2023.7
    ISBN 978-7-5229-0765-9

    Ⅰ.①高… Ⅱ.①曹… Ⅲ.①院校图书馆-读书活动-研究 Ⅳ.①G252.17

中国国家版本馆 CIP 数据核字(2023)第136116号

责任编辑:张 宏 责任校对:王蕙莹 责任印制:储志伟

中国纺织出版社有限公司出版发行
地址:北京市朝阳区百子湾东里 A407 号楼 邮政编码:100124
销售电话:010—67004422 传真:010—87155801
http://www.c-textilep.com
中国纺织出版社天猫旗舰店
官方微博 http://weibo.com/2119887771
北京虎彩文化传播有限公司印刷 各地新华书店经销
2023 年 7 月第 1 版第 1 次印刷
开本:787×1092 1/16 印张:12.25
字数:198 千字 定价:98.00 元

前　言

阅读是提升国民精神层次的基础路径。在社会高度关注文化传承创新发展的当下，阅读推广进行得如火如荼，阅读推广工作已成为图书馆的重要考核内容。高校图书馆作为社会文化信息中心，有义务联合校内外其他部门和机构，整合校内外各种资源，面向读者开展阅读推广活动，满足大众信息素养教育和知识汲取欲望，引领社会阅读风气，构建书香社会。面对新技术、新知识、新理念和读者阅读的新需求，高校图书馆阅读推广工作亟待进一步加强理论自觉和管理自觉，完成工作转型、升级的目标。

本书共七章，第一章为阅读概论，介绍了阅读的概念、目的与意义、类型与特点。第二章为阅读推广概述，分别介绍了世界、我国以及高校阅读推广发展概况。第三章为高校图书馆阅读推广。第四章为高校图书馆阅读推广的形式。第五章为高校图书馆阅读推广的组织架构方法。第六章为高校图书馆阅读推广活动策略。第七章为高校图书馆数字阅读推广方法研究。

在本书的撰写过程中，作者参考了许多专家学者在本领域的最新研究成果及相关文献，在此表示真诚的敬意与感谢。限于作者水平，加之时间仓促，书中难免存在疏漏和不足之处，敬请同行与广大读者给予谅解并指正。

曹雪琦

2023 年 3 月

目 录

第一章

阅 读 概 论

　　阅读是文化传承之途,学习与创新之源。文化是民族凝聚力、道德感召力和知识创造力的重要源泉。只有重视阅读,善于学习,才能更好地继承中国传统文化和民族精神,吸收现代优秀文明成果,促进个人素养提升,提高文化软实力。正是因为阅读的重要性,阅读推广理念越来越受到世界各国的关注。众多学者也从多学科、多维度对阅读推广进行分析、探索和界定,以期对阅读实践形成理论指导。

第一节　阅读的概念

　　阅读是人类认识世界、探索未知事物并逐渐形成个人知识体系的能力与活动,是人有目的、有感知、有意识的思维过程。

　　阅读是人类文明进步的产物,是伴随文字发明而产生的。人类语言突破了时间和空间的限制,人们将社会实践中积累的大量经验、语言、知识等信息以文字的形式系统地记录下来,并长期保存。无论是社会科学领域还是自然科学领域,要学习和了解前人的这些经验,人们主要借助于对文献资料的阅读,通过阅读汲取知识并认识周围世界,从纷繁复杂的信息源中获取所需信息。离开阅读,人类文化遗产就无法传递;离开阅读,人类的思维和思考能力就会受到阻碍。可以说,阅读是人们获得知识、寻求发展规律、不断创造创新的基本途径。对于阅读的深入理解与探讨是研究阅读推广并开展相关工作的基础。

　　古人对阅读非常重视,大量存留的古代家训文献资料记载了关于阅读意识、经验和方法的讨论,从中可见一斑。被学者们誉为"家训之祖"的《颜氏家训》专设"勉学"篇,讨论如何教子读书和勤奋学习的问题,对后世的影响颇为深远。在西方,1879 年冯特在他的心理学实验室里进行过与阅读有关的实验,他的学生在对阅读活动的特征、形成过程、组织规律等方面进行探索研究后发表了《阅读心理学和教育学》一文,标志着人们开始以科学的态度和方法,客观地研究阅读问题,同时也掀起了阅读研究的热潮。

阅读为何受到人们高度重视?

应该说,这是人们对阅读行为本身的尊重。在信息传播闭塞的古代,阅读几乎是人们知人阅世的唯一途径。因此,孔子才会说"不学《诗》,无以言;不学《礼》,无以立"(《论语·季氏篇》)。书籍记载了先贤的思想财富,传播着博大精深的历史文化,通过阅读,文化传统在一代代读书人之间传递,内化为他们的格调与修养。古今中外的教育普遍都是从家庭教育开始,鼓励阅读,营造读书之风。

到了近现代,学者们对阅读的研究更加深入。1917 年以前,西方研究者把"阅读"界定为用语言转换印刷文字的口头反应能力。于是,教师强调阅读,要求学生能正确辨认文字、符号,并且口齿清晰、字正腔圆、流利准确地朗读,然而教学内容不包括进一步培养学生提高阅读理解的能力。1917 年,有关研究改变了阅读的定义。桑代克发现,学生初步理解一段文字时的反应和解一道数学题的过程类似,因此,他就把阅读理解为推理。后来的研究表明,读者阅读的过程是因阅读目的和阅读材料的类型和难度的变化而变化的。这是阅读教育思想产生重大变化的转折点。在这种理解和认识的指导下,阅读理解力的研究成果拓展了教学方向,教师在指导学生阅读时开始强调要明确阅读目的,培养阅读兴趣,在阅读中启发学生自主寻找能满足阅读目的和动机的信息,在阅读后要求学生能在记忆的基础上运用推理评价来回答设定的问题。

20 世纪,苏联、法国等国家围绕阅读进行学术探讨,并开展了许多活动,获得了一些研究成果,出版了《如何读书》《快速学习》《读书:论阅读社会学》等一批关于阅读问题的专著,发表了长期以来学者们在社会学领域对阅读进行调查研究的结果。

美国实验心理学家吉布森和利文认为:"阅读乃是从文本中提取意义的过程。"这个定义对阅读的描述言简意赅,具有综合性,被广泛接受。为了能够从文本中提取意义,阅读者需要做到:①把书面文字、符号转化为声音;②具有相应的心理词典,因而可以从语义记忆中获得书面文字、符号的意义;③能够把这些文字、符号的意义进行整合。因此,吉布森和利文对"阅读"的定义包括了阅读认知、信息融合过程中的各级加工水平。不过,这里也有两个问题值得进一步讨论。

第一个问题是,"文本"这个词的含义是什么。吉布森和利文曾经清楚地指出,"文本这个词不仅包括文字材料,而且包括图画、图解、图表、插图等其他的阅读材料"。

唐宁和莱昂认为,阅读具有更为广阔的范围,可以把阅读分为两类:一类是广义的阅读,另一类是狭义的阅读。为什么会有广义的阅读呢?因为在实际生活中,人们需要阅读文字、图像、图表等任意的符号,而且天文学家可以阅读太空中的星际轨道,探索宇宙奥秘,农民能够阅读天象打理一年的农事,猎人能够阅读野兽的足迹追踪猎物等。阅读与人们的生活息息相关,渗透在人们生活中的每个角落。所以,可以把这种广义的阅读定义为:阅读乃是对于标记的解释。人们对阅读的理解自然而然带有了个性化色彩,认为人眼看到并心有体会的都是阅读。

唐宁和莱昂认为,狭义的阅读即对于任意符号的阅读。这个定义与吉布森和利文的定义有某些共同之处,因为文本、图像、图解、图表、插图等都是一种符号。然而,符号的形式丰富多样。阅读的主要对象是文字符号,当然并不限于文字,也包括图画、图表等,语言也是一种符号。所以,吉布森和利文的定义在原则上是可以接受的。

当今社会网络技术和通信技术被广泛应用于社会生活各方面,社会变得更加多元,吉布森的定义用在当下也有其局限性。因为,随着时代的进步、环境的变迁,人类阅读的文本也发生了巨大的变化。

以云计算、大数据、物联网等为代表的新技术、新产品、新工艺、新材料的应用,以手机 APP(应用程序)、移动智能终端为代表的能够搭载各种操作系统的移动服务,以微博、微信、微平台为代表的能在云中部署应用和服务的新技术微服务,以 twitter 等为代表的 SNS(社交网络服务)以及以 iPad 和 iPhone 为代表的智能平板触摸屏电脑与手机显示屏技术等新现象,促使电视屏幕、电脑屏幕、笔记本电脑、手机屏幕等正在全面渗透人们生活的方方面面,可以说,我们已经跨入了一个读屏时代。在智能终端设备普及化的今天,触摸屏幕和语音成了人机交互方式中最简单、方便、自然的一种形式。在由无数的屏幕构成的新生态里,用来观察内部虚拟世界的东西更多,人类可以用"肢体语言与屏幕交流,不断地打破传统和标准"。当你走在大街上,手持一块可以上网定位的电子屏幕,它将显示周围大街的所有道路,你可以阅读实时、动态的信息源。阅读的概念变得越来越宽泛。

再如,在广告心理学领域的视向心理测量研究过程中,经常会使用眼动仪进行广告结果评价测量。眼动仪可以记录顾客注视广告时的眼动轨迹,通过分析记录数据了解顾客注视广告时的先后顺序和注视焦点的时间、次数、眼跳距离等数据,判断广告观看者的心理活动,"这有助于广告商了解广告受众是否按广告制作人的意图去注视广告"。通过眼动技术,设计人员可以阅读不同个体在相同情境下的行为动机与态度取向,并由此推断其表征问题,为评价效果提供了客观指标。新技术和新载体让我们能"阅读"一切东西,而不仅是文本。

第二个问题是,怎样理解阅读是"提取意义的过程",这样定义阅读可能会把阅读过程过分内涵化。

人们普遍认为,阅读活动和人的其他活动一样,具有极其复杂的心理过程。阅读一定有阅读的动机。如臧克家一生"爱读书,爱买书",与书为友,认为读书对于创作十分重要。"读,是吸取营养往肚子里添东西,含英咀华,其乐无穷","读书是为了丰富、充实精神世界"。阅读者将别人的"言"内化为自己收获的过程,与文本产生碰撞、整合、重构,从而实现知识的增长和不断创新发展。

郭沫若一生博览古今名著,积累了丰富而宝贵的读书经验。他认为,因读书目的不同,方法自然就有差异。他把读书的目的分成五种,从而就有了五种读书方法。

一、为学习而读书

这是培养人格、学成技艺之必需,一般通过学校,属强迫性的学习,但仍有一种自由学习的方式,也就是学习职业课程之外的东西,即"广义的学习",好像读书漫无目的,实则有助于品格修养的形成。

二、为研究而读书,是谓"狭义的真正的读书"

其方法是"搜罗一切资料,尽可能使无遗憾""直探本源,不受前人束缚""对于资料毫无容情地、毫不惜力地加以清算,必须彻底,绝不放松",而且要把它们

"读破",这样才会达到研究的目的。

三、为创作而读书

郭沫若说："为了养成文艺的写作能力,我曾耽读过古今中外的一些名人的作品……譬如我要写剧本,我是要先把莎士比亚或莫里哀的剧本读它一两种;要写小说,我便先把托尔斯泰或福楼拜的小说读它一两篇。读时也不必全部读完,有时仅仅读得几页或几行,便可以得到一些暗示,而不可遏止地促进写作的兴趣。"

四、为娱乐而读书

这是为了"使人忘却疲劳而增进兴趣",一般读"文体轻松的书,插图多的书……",但要注意鉴别,否则是"慢性自杀"而不是娱乐了。

五、为教育而读书

主要指教师的工作义务,但也会大有裨益。"为了教育而读书,在今天正是大学教授们使自己精进的机会。即使读小学生的作文课卷吧,我相信就是大文学家有时都会得到意想外的启示的"。

随着哲学、语言学、心理学、教育学等学科的兴起,人们逐渐以科学的态度研究阅读及其相关问题,并赋予其新的含义。阅读过程有生理和心理因素的参与,是一种基于视觉感知的系列思维心理活动过程,包括理解、分析、批判、评价和意义建构。所以,阅读可以影响人的情感和人的个性形成。西方有人批评认知心理学,认为认知心理学的研究没有认真考虑人与人之间的一些变量因素,如动机与情绪、情感等因素对于认知的影响和作用。其实,吉布森和利文认为的"阅读"是"提取意义的过程",这种阅读有两个方面的解读:一是提取文本本身的意义,二是与文本产生碰撞、整合、重构,以实现知识积累和满足身心愉悦的建构过程。

学者们从心理学、教育学、语言学等角度研究阅读的动机、意义和过程,虽然研究结果不尽相同,但是都明确提出了阅读是获得知识、增长智慧的一种重要手段。对于某些学科的研究来说,文献与情报资料的阅读过程就是一个重要的研究阶段,甚至是主要的研究阶段。而研究过程既是阅读过程,也是创作过程。所以,阅读就其本质来说,是读者与文本的交流,不仅是简单的对文本的解码,而是对文本的一种再吸收和再创造，是读者通过阅读以及深度思考、评价后建构自己知识体系与精神世界的过程。

国内关于"阅读"概念界定的讨论，比较权威的意见如《中国大百科全书·教育》定义"阅读"为："阅读是一种从印的或写的语言符号中获取意义的心理过程。阅读也是一种基本的智力技能，它是由一系列的过程和行为构成的总和。"阅读对象首先表现为感性的文字材料，即文字符号。文字符号表达的则是事件、情感、思想等思维内容。阅读活动是通过文字符号到达文字表达的思维内容，影响或改变阅读主体情感或思维的心理过程。在阅读活动中，文字符号转换为思维内容是至关重要的、复杂的环节，无法简单概括其规则。我们持续阅读，阅读的能力就会有所提高、不断进步。

王余光先生则把阅读定义为："阅读是阅读主体（读者）与文本相互影响的过程，是阅读主体实践活动与精神活动的一种体现。"从上述定义中可以看出，研究者一致认为阅读是认知的基础。

随着越来越多的学者参与阅读理论探索、阅读教学研究和全民阅读推广活动的研究，阅读概念一直处于动态演进的发展中。如 1991 年 5 月，在重庆师范学院成立了"中国写作学会阅读学专业委员会"（亦称"中国阅读学研究会"，China Reading Association，CRA），作为专门从事中外阅读基础理论研究、学术交流与教学实践以及国民阅读促进与指导活动的学术团体，系"国际阅读协会"（IRA）的团体会员。该学会同仁出版了《阅读学新论》《汉文阅读学研究》《全民阅读推广手册》《全民阅读参考读本》等学术专著，发表了大量论文，对阅读是什么、为什么阅读、公民须具备哪些阅读能力、读什么书、怎样阅读等一系列学术问题，提出了前瞻性观点。学会成员基本上形成了一个共识：阅读是一种过程，是人们获得知识的最重要的手段，阅读的对象是表意符号；阅读不是从符号中获取意义的单向度的过程，而是读者与文本交互比照、成长的复杂心理机制；读者的知识存储、认知结构、心理状况以及阅读环境等因素，深刻影响了阅读活动；获取认同与知识、增进理解，是阅读的主要目的。

综合各个研究领域的研究观点，可以得出以下结论：阅读是指读者主动从媒介所提供的符号信息中获取意义的一种实践活动、社会行为和心理过程。

中国阅读学研究会副会长兼秘书长甘其勋解释"阅读"的作用时说："阅读应该具有求知、立德、开智、审美的多重功能。"他还形象地把这四者比喻为旋律和谐、节奏一致的四重奏。阅读是人们的思维活动和理解吸收的过程,是获取知识的主要途径,对人的价值观、道德观、人生观和审美观等方面有着深刻的影响。

第二节 阅读的目的与意义

要想明确阅读的目的和意义,首先就要清楚"目的"与"意义"的概念。目的是指想要达到的任务和境地,亦指想要得到的结果,它是努力的方向和目标。意义是指价值和作用的实现,是付出努力后得到的回报和收益,更是主体对需求满足的一种评价。目的与意义既有联系,又有区别。联系在于两者辩证统一于同一事物,都含有要达成某一种效果的意思;区别在于对这种效果分析的层面不同。"目的"是客观预设,从蓝图层面考量做一件事情想要达到的明确的、具体的、直接的效果;而意义则是主体评价,从满足需求视角考察目的达成后所产生的潜在的、长远的以及主观心理效果。

一、阅读的目的概说

阅读目的是指从事阅读活动所期望达到的预期,由阅读主体在阅读活动前人为设定,会因人的需求不同而不同。

美国心理学家马斯洛将人的需要由低到高分为生理需要、安全需要、社会需要、尊重需要和自我实现的需要五个层次。生理需要是人最原始、最基本的需要,包括衣、食、住、行和性等方面的需要;当生理需要满足后,人就希望得到安全保障,产生安全需要;当人处在安全的环境中,很自然地就会萌发对社交、归属、友谊、情感和爱的渴求即社会需要,并进一步对名誉、地位、成就、利益产生欲望,希望得到社会的承认和尊重,实现个人的理想和抱负,即尊重需要和自我实现的需要。显然,人的阅读需要应该是在社会需要、尊重需要和自我实现的需要三个层次上发生的。黄鸣奋根据个人需要的这种层次分化从逻辑角度进行了更加细致的划分,如表 1-1 所示。

表 1-1 个人需要划分

功能名目内涵	自向性需要	他向性需要	交互性需要
生存性需要	自存需要	他存需要	制约需要

续表

功能名目内涵	自向性需要	他向性需要	交互性需要
生理性需要	储备需要	供给需要	交换需要
信息性需要	认识需要	传播需要	交流需要
心理性需要	自亲需要	他亲需要	联络需要
实践性需要	审美需要	劳动需要	归属需要
成就性需要	自立需要	他立需要	评价需要

在表 1-1 中，我们可以明确地看到，在个人的一般需要里，已经客观地存在着认识的需要（求知、求善、求真）、审美的需要（求美和娱乐）、交往的需要（沟通和交流）、评价的需要（欣赏和评价）。与此相对应，一般地，人们阅读的目的大体可以分为四类：求知、审美、交往和评价。

(一)求知

子曰："我非生而知之者，好古敏以求之者也。"(《论语·述而》)孔子是我国古代最伟大的思想家和教育家，被后人奉为"至圣先师"。他否认自己是"生而知之者"，而是一个爱好古代图籍并勤奋敏捷地去求得知识的人。胡适先生曾这样回答"为什么读书"这个问题："因为书是过去已经知道的智识学问和经验的一种记录，我们读书便是要接受这人类的遗产……以此为基础，可以继续发扬光大，更在这基础之上建立更高深更伟大的智识。"即站在前人的肩膀上进步。英国哲学家弗朗西斯·培根的名言"知识就是力量"不知激励着多少人去掌握人类已有的知识，探索新的知识，开拓未知的领域，才有了今天的现代文明与科技。由此可见，求知是人们发出阅读行为的一个最基本、最古老的目的，也是最普通、最常见的目的，伴随人成长的整个过程，即所谓"活到老，学到老"。

(二)审美

社会的进步就是人类对美的追求的结晶。达尔文曾告诉我们：不要因为长期埋头于科学而失去对生活、对美、对诗意的感受能力。所谓"爱美之心，人皆有之"。美是一种客观存在，爱美并不等于懂美，更不等于能够正确审美。那么，什么是审美呢？《现代汉语词典》将"审美"释义为"领会事物或艺术品的美"。如何"领会"？这就涉及美的标准、美的判断、审的主体、审的对象等一系列美学理论问题。因此，美学上的审美是指人们根据一定的美学理论，通过自己的感官去感受、评价美的事物或现象的复杂的心理活动,具有直观性、情感性、愉悦性和差异性,带有明显的主观色彩。同时,审美又是人类认识世界、改造世界不可缺少的一种独特的思想情感方式,对人的全面和谐发展、事业的成功和生活的幸福都有着重要的影响。所以,人都有着审美需求。正是在这个意义上,人类需要文学。因为文学是情感的,文学作品以情感人。文学阅读以文学作品为对象,主要是为了从中获得美感信息和审美愉悦。比起其他学科的书籍,人们阅读文学作品,其审美需求更加容易得到满足。这便是图书馆文学类书籍馆藏外借量永远排在第一位的主要原因。

(三)交往

交往,即互相来往。哈贝马斯认为,交往是两个有语言和行为能力的主体进行的对话,在人类的所有行为中,"交往"行为是最合理的行为。交往需要是人的一种社会需要,在黄鸣奋的"个人需要划分表"中,交互性需要也是个人需要的一个重要类型。事实上,人是群居的动物,每个人都是在"社会"中存在的,没有谁能够脱离群体而单独存在。因此,阅读的交往目的是指阅读作为一种社会交往行为,读者期望通过阅读了解作者本人,了解文本以及文本中的文本,了解世界和社会,了解自己以及同时阅读的读者的现象。

我们知道,世界、作者、文本和读者组成一个密不可分的交往网络。作者和读者是世界中的人,作者创作的文本反映着世界,读者在文本的阅读中相遇作者,并触摸世界。这四个因素相互关联,以作者与读者各自在现实中的交往为基础,形成了一个循环的交往系统。

阅读的交往目的首先表现在读者与作者的交往层面。读者的阅读是主动与作者进行的交往,读者以文本为媒介,窥视作者的内心世界,希望通过与作者的交往来实现对世界的理解。

其次,读者在阅读文本时,也与文本及文本中的文本构成了一种交往关系。作者在创作文本时,在语言文字中留下了许多"未定点"和"空白",以此"召唤"读者去阅读,即文本本身包含了与读者进行交往的内在动机;同时,作者在创作文本时,必然会借鉴他人的作品,通过对他人作品的分析与吸收,来构建自己的作品,这样呈现出来的作品必然带有其他文本的印记。在论文写作中的"引用"便是这种印记的具体表征。读者阅读文本时自然也连带着与文本中的文本进行了交往。

再次，读者通过阅读了解世界，展开社会交往。一般认为，"作品总得有一个直接或间接地导源于现实事物的主题——总会涉及、表现、反映某种客观状态或者与此相关联的东西……便可以认为是由人物和行动、思想和情感、物质和事件或者超越感觉的本质构成。"即世界构成了文本的一维，文本表现的世界是作者在现实的交往中看到的世界，而且，不同文化背景下的作家在创作时表现的世界也是不一样的，读者在阅读时窥探的世界也就不同。在这样的传达与接受中，便实现了人与人、人与世界交往的目的。世界作为一个背景，起着沟通作者与读者、读者与读者、读者与世界的桥梁作用。

最后，读者通过阅读了解自己以及同时阅读的读者。当读者的认知语境与作者的认知语境趋于相同时，就产生了认知语境的重叠，即"共鸣"，共鸣越多越强烈，读者通过阅读了解自己就越全面和深刻，与作者的交往效果也就越好；阅读也让读者与其他读者进行交往，当两个以上的读者在阅读同一个文本时，文本中呈现的形式与内容，使不同的读者在感悟中实现了交往。特别是当多个读者在同一时空中阅读同一文本时，阅读的这种交往效应不可低估。这便是共同阅读成为当下的时尚和潮流的一个主要原因。

(四)评价

"评价"一词在《现代汉语词典》中的解释是"评定价值的高低"。评价活动在日常生活中随处可见。从一般的意义来看，人的视觉系统对外部事物进行扫描和接受时，本身就带有评价和取舍。这些评价和取舍，既是人们面对外部世界的态度，也是体现人们与外部世界的关系的一个重要因素，更是人的精神主体得以社会化和对象化的基本形式和方式。虽然这种评价和取舍会因个体的不同而具有不同的标准和内容，但它作为人的心理活动的一种特殊现象，必然成为人的个性需要的一个有机组成部分。在黄鸣奋的个人需要划分表中，评价需要属于成就性需要中的交互性需要，是人的个性需要的最高层次。在马斯洛的需要层次理论中，评价需要应该属于人的自我实现的需要。换句话说，人作为社会人，既是社会权利的享有者，也是社会义务的承担者。人的任何社会实践行为，都必须估计或预见他人可能产生的反应或者自己应该给予对方的回报。相应地，便产生了交互性需要。这一需要是双向的，它既要求他者的反应和评价，也是对他者的反应和评价。

对于阅读者来说，阅读对象既有表实性，又有表义性。两者分别体现了阅读者和阅读对象之间的认识关系和价值关系。一方面,任何一种阅读活动都无法回避文本(尤其是文学作品)中的世界对阅读者的诱惑和冲击,也都无法回避对文本中的世界的感受和认同,当然要具有对文本世界的某种利害判断,甚至这种判断会常常走出文本而进入现实世界。另一方面,一般意义上的阅读行为的发生,常常依从于一定的阅读评价要求,这一评价要求有时来自现实的个人阅读的好恶选择,这种选择既有受动的感触和反应,又有主动的审视和评价。因而有学者将阅读主体的评价能力(指选择文献的能力)视为阅读能力的基础。对于研究性阅读来说,阅读过程更多的是一个分析、判断的过程,阅读评价因而也成为阅读者的一种必需的态度与重要的目的。

总的来说,阅读活动的发生,既有着鲜明的现实目的,又有着复杂的心理动机;既有着功利性的个人目的,又有着审美性的社会需求;既因人们求知的目的而体现阅读特有的认识价值,也因情感的愉悦和心灵的净化而表现文本的审美功能,同时还使阅读在对象化的过程中还原着人的自我和本质。上述阅读目的,在实际阅读中,并不是独立存在的,而是相互联系相互作用的,共同决定和影响着人们在阅读活动中的取向与感受,以及收获和评价。

二、阅读的意义归类

阅读的功能决定了阅读的意义。阅读的特点影响着阅读功能的发挥。无论是何种阅读,都具有共同的功能特征:主体建构性、文化增殖性、再创造性以及解读差异性。

所谓"阅读意义",指的是阅读主体对被阅读的客体对象满足主体需要大小的一种评价。一般来说,满足需求越大、越充分,意义就越大。但意义的评价还具有某种主观性特点,或许被阅读的对象并不具有太大的客观价值,却会得到阅读者的高度评价。

朱永新对于阅读的意义和价值有这样几个基本观点:一个人的精神发育史就是他的阅读史;一个民族的精神境界取决于这个民族的阅读水平;一个没有阅读的学校永远不可能有真正的教育;一个书香充盈的城市必然是一个美丽的城市;共读共写共同生活。作为推动"全民阅读"成为国家战略的一个有力倡导者,朱先生的这五句话可谓家喻户晓,概括起来,阅读的重要意义无外乎两个方面:个体意义与社会意义。

(一)阅读满足发展的个体意义

英国中世纪思想家培根说过:"读书造就丰富充实的人。"我国民间也流传着这样一句话:万般皆下品,唯有读书高。又说,家无读书子,官从何处来。阅读的个人意义可以从个体成长与家族昌盛两个层面来分析。

1. 阅读是实现个体精神成长的唯一途径

众所周知,人的成长过程都是从自然人向社会人转变的过程。自然人的成长只要不断地吃进食物,生命就会慢慢长大,这是人类的本能,与动物没有任何区别。个人即使不做出任何主观的努力,生命也会自然生长,这是人的物质成长过程。只是单纯靠这样长成的一个"自然成人"是不能适应人类世界的生活的,也是不被人类社会所接纳的。狼孩、熊孩的故事就充分说明了这一点,他们充其量只是"人形动物"而已。

个体要想成为一个真正意义上的人,就必须进行"社会化"。所谓社会化,是指个体在社会影响下,通过学习社会知识,掌握社会技能,建立社会经验,并通过自身不断地选择和建构,形成一定社会所认可的"心理—行为"模式,成为社会成员的过程,这是人的精神成长过程。这个过程离不开个人的学习和阅读,可以是个体积极主动的学习,如自觉接受一系列正规的学校教育,自觉阅读各种各样的书籍;也可以是无意识的潜移默化的学习,如口耳相传的社会经验的传递,许多从未上过学的人就是用"口耳相传"的阅读方式实现了自己的社会化。正是在此意义上,我们可以说,阅读是实现个体精神成长的唯一途径。

2. 阅读是实现家族持续昌盛的不竭动力

中国自古以来便有"学而优则仕"的传统,民间也流传着"家无读书子,官从何处来"的俗语。可见,教育对于家庭具有荫泽后代、荣耀门庭的意义。于是有了孔母督课、孟母三迁、欧母画荻的典故。当今社会,尽管教育之光宗耀祖的功能日益退化,家长们还是不约而同地知道,一个家庭的所有投资中,在子女教育上的投资回报率最高。浙西一位老农曾声情并茂地说:"父亲是梁,房子没有梁要塌;母亲是墙,墙可以挡风雨;孩子是窗,那是一家人的希望所在。即使砸锅卖铁,倾家荡产,也要供孩子上学。"老农的这番话可谓道出了中国所有父母的心声,也从一个侧面反映出家庭对子女教育的期盼。的确,一个欣欣向荣的家族首先必须有一批学而不厌、孜孜以求的子孙后代。所谓"富不过三代",没有良好家庭教育、严格家风家训的家族,即使祖辈因为某种机遇而发家致富,也是不可能长久繁盛的。而阅读作为一种文化传承与知识习得的方式,历来受到所有家庭的重视。人们常说"言教不如身教",在全民阅读的今天,亲子阅读已经被越来越多的家庭接受并付诸实践。

(二)阅读满足和谐的社会意义

阅读不仅是个体完善自我、增长智慧的重要途径,而且是国家提高国民素质、推动社会进步的有效工具。建设社会主义和谐社会是中国共产党执政的战略目标。和谐社会的构建离不开和谐的社会环境与共同的价值体系。

1.阅读是协调社会行为与心理的重要手段

每一个社会都有维护社会秩序、协调人际关系的行为规范。现代社会生产、社会生活等社会实践活动,大都是群体性活动,人只有掌握约定、禁忌、风俗、习惯、规矩、伦理、道德、法律、宗教、制度、礼节、价值观、态度、行为模式等社会行为规范,才能正确处理个人与社会、个人与集体以及同事同行之间的关系,才有可能获得个人事业的成功。社会也必须依靠这些行为规范来协调人类的社会实践活动,因而需要对每一个社会公民进行社会化教育,使每一个人都理解它们的含义和生效机制,并内化为个体的自觉行为。毫无疑问,倡导阅读是实现这一过程的重要手段。

同时,社会中的人是一个既有个性、又有共性的矛盾统一体。人的共性主要表现为人的民族性、阶级性、国民性和时代性;人的个性是人与人之间的差异。我们既要张扬个性,但也不能缺失共性。只有当人的个性和共性有机融合,协调发展时才称得上是一个和谐的个体,其社会实践活动和行为方式才能符合社会规范。当人的个性和共性发生矛盾时,需要一个协调机制来使个体的心理与行为符合社会规范,这个协调机制就是人类自己创造和制定的各种社会约束,即社会的规章制度。而这些规章制度的了解和掌握,无一例外都离不开阅读。和谐的社会不仅要人与人和谐、人与自然和谐,还要人内心和谐。阅读是通往人内心和谐的桥梁,只有每个人都拥有和谐的内心,整个社会才会呈现出一种和谐的生态。

2.阅读是培育世界观与价值观的重要途径

价值观是人们对价值问题的根本看法,包括对价值的实质、构成以及标准的认识。这些认识的不同,形成了人们不同的价值观。每个人都在各自价值观的引领下,形成不同的价值取向,追寻着各自认为最有价值的东西。尽管现代社会是一个价值多元的社会,可对于一个国家或民族来说,如果没有核心的价值体系与共同的思想基础,这个国家或民族就没有团结力和凝聚力,生活在这个国家的人们就像一盘散沙、一群乌合之众,这个国家或民族就会面临着消亡的危险。而这些共同的思想和价值,就藏在国家和民族自己的文化里。文化需要传承,传承需要教育,教育又离不开阅读。因此,古今中外的阅读学家一致强调"读书立德"的效用。孔子高度重视阅读"六经""德治"功能:"其为人也,温柔敦厚,诗教也;疏通知远,书教也;广博易良,乐教也;洁静精微,易教也;恭俭庄敬,礼教也;属辞比事,春秋教也。"(《礼记·经解》)正是这些文化经典把我们的祖先紧紧地团结在一起,也是在对这些经典的共同解读中,才逐渐形成了"仁、义、礼、智、信、温、良、恭、俭、让、忠、孝、勇、恭、廉"等共同的价值体系。培根也充分评价阅读对于塑造人的性格的作用:"读史使人明智,读诗使人聪慧,演算使人精密,哲理使人深刻,伦理学使人有修养,逻辑修辞使人善辩。"(培根《论求知》)。诚如学者所言:"书的力量,就在于作者通过纸质书这个载体传导给读者,并在读者心中唤起那种崭新的意象或精神。书就是这样把精神传给每个读者,或是群体集团物,它往往会转化为一种推动历史变革的巨大力量。"正是因为阅读才使书的力量得以传导和实现。

古语云:"古之欲明明德于天下者,先治其国。欲治其国者,先齐其家。欲齐其家者,先修其身。欲修其身者,先正其心。欲正其心者,先诚其意。欲诚其意者,先致其知。致知在格物。"可见,源于《礼记·大学》的八目——格物、致知、诚意、正心、修身、齐家、治国、平天下,其逻辑起点"格物",即探究事物原理。无疑,阅读学习是格物致知的唯一途径,诚意正心、修身齐家是格物致知的个人意义与基础功能,治国平天下是格物致知的社会理想与派生功能。于是便有了"一家之教化,即朝廷之教化"(《寒松堂集·奏疏》),有了"家国同构",有了"为中华之崛起而读书",有了终身教育之命题,有了学习型社会建设,有了"全民阅读"国家战略。阅读之于经济发展、文化传承、政治文明、社会和谐、民族复兴的重要意义,由此可见一斑。

苏联教育家苏霍姆林斯基说:"无限相信书籍的力量。""书籍的力量首先就意味着阅读的力量,知识的力量要通过阅读的力量才能实现。"

如此,我们可以说:阅读滋养心灵,阅读改变人生,阅读改良社会,阅读创造世界,阅读能力也是"生产力"。看来,阅读之于个人和社会的重要意义,怎么强调都不过分。

第三节 阅读的类型与特点

对阅读划分类型是明确阅读概念外延的最佳方式。要想分类科学合理,选择划分标准是关键。通常人们根据读者的阅读目的划分不同的阅读类型。例如:德国学者吉尔·G 将阅读分为情报型阅读、逃避型阅读(以摆脱生活为目的)、求知型阅读、文艺型阅读四种。德国学者鲍贝尔格·R 提出了 10 种阅读类型:浏览、情报阅读、消遣阅读、记忆阅读、实用性选择阅读、分析阅读、批判阅读、扩展性阅读、创造性阅读、校对阅读。因为人的目的是极其复杂的,从目的角度划分阅读类型,可能会导致类型的交叉和兼容。如分析、批判性阅读可能是创造性阅读也可能是实用性阅读,消遣阅读很可能是浏览式,情报阅读也会掺杂记忆的成分,校对阅读也不能排除其实用性。因此,国内学者探索多维度分析阅读类型。蒋成禹较早从读者需求层次角度将阅读分为积累性阅读、理解性阅读、鉴赏性阅读、评论性阅读四种类型。曾祥芹、韩雪屏在其主编的《阅读学原理》一书中,专辟"阅读分类论"一章,除了按阅读目的划分类型外,还按阅读对象把阅读划分为白话文阅读与文言文阅读(据语体分)、文章阅读与文学阅读(据文体分)、哲学社会科学阅读与自然科学阅读(据内容分);按阅读方式把阅读分为朗读与默读(据是否出声分)、精读与略读(据读的粗略精细分)、慢读与快读(据速度分)、全读与跳读(据读的整体与部分分)、个体阅读与群体阅读(据参与人数分);按阅读素质把阅读分为幼儿阅读、青少年阅读、成人阅读(中老年阅读)(据读者年龄层次分);基础阅读、职业阅读、专家阅读(按阅读需要及文化程度分)。这样的分类全面细致,有利于分层次有针对性地开展阅读指导活动。

这里,我们不再给阅读做一些新的分类,而是对一些阅读现象特别是 21 世纪以来大学生中普遍存在的功利性阅读、数字阅读、浅阅读、经典阅读、共同阅读五种阅读类型做深入分析,以便读者对阅读有更深刻的认识。之所以选择这五种阅读类型做分析,是因为前三种常常成为人们批判的对象,而经典阅读日益式微却又必须大力提倡,共同阅读正逐渐成为时尚。

一、功利性阅读及其特点

根据读者的阅读目的,采用二分法可以将阅读分为功利性阅读和非功利性阅读。功利性阅读主要指读者为了实现一些现实的外在目标而进行的阅读活动,阅读动机以实际功效或利益为准则。如为了求职、晋升、升学、考证、竞赛以及获得别人称赞、争取社会地位和名声等而进行的阅读,大都属于功利性阅读的范畴。现实目的性、短期时效性是功利性阅读的两个主要特点。

人生活在现实世界中,需要面对衣食住行、生老病死等诸多现实问题,这些问题的解决大都需要通过功利性阅读才能实现。当今社会需要应用型人才,大学生就业形势日益严峻,功利性阅读在大学生中大行其道也就不足为怪。他们读书是为了能够考上研究生,为了谋求一份更好的工作,为了能挣钱养活自己和家庭……诸如此类,生存压力让大学生将阅读的短期功效和利益摆在了第一位,忽略了非功利性阅读在提高修养、完善人格、净化心灵方面的作用,导致高分低能、有才无德型人才层出不穷,因而遭到一些学者的诟病。

然而,换个视角思考,大学生作为未来社会的精英,修身、齐家、治国、平天下是他们必须具备的个体素质与社会担当,阅读作为大学生获取知识、提高技能、获得成功的重要手段,其功利性自然也应包容。翻开中国几千年的阅读历史,不为功名不读书的思想可谓根深蒂固,流传至今的名言"书中自有黄金屋,书中自有颜如玉,书中自有千钟粟""学而优则仕"就是阅读功利性的真实写照。所谓存在的就是合理的,功利性阅读自然有其合理性与必然性,我们也大可不必看到"功利"二字就"捧杀"。需要提醒的是大学生不能"唯功利"而读,错把功利性阅读当成阅读的全部,忘却了有益于人生观、价值观、世界观形成的非功利性阅读,这是万万不可取的。如果阅读沦为了解决现实外在问题的手段,那么阅读对我们来说则更多的是一种负担,读者也无法享受阅读本身带来的真正乐趣,久而久之,甚至会引起阅读厌恶。

因此,理想的状态是功利性阅读与非功利性阅读相互结合,让阅读既能解决现实问题,也能满足精神需求。让阅读从现实走向理想,从外在走向内在,从功利走向非功利,这是我们应该秉持的阅读态度。

二、数字阅读及其特点

1971 年,随着伊利诺伊大学学生迈克尔·哈特将《美国独立宣言》录入计算机,并将其以文本格式存储,世界上第一本免费电子书便诞生了。也是在同年,哈特发起了"古腾堡计划",致力于将传统纸本书以电子档案格式存储于数据库中,供社会成员查询下载使用。此后,随着信息生产、传播和使用方式的变革,智能手机、平板电脑的更新换代,数字阅读日渐走入人们的视野,并跻身为主流的阅读形态。那么,什么是数字阅读呢?一般认为,数字阅读是相对于纸本阅读而言的,其分类标准是信息载体的不同。学界对于数字阅读的定义也有狭义和广义之分。狭义的数字阅读指阅读的数字化,即使用数字设备阅读以语言符号为主的数字文本内容。广义的数字阅读是以数字化形式获取或传递认知的过程,不论载体、场合、形式,可以是任何数字化终端(如网络、浏览器、电子阅读器、电子纸或音视频设备),可以是任何格式(各种文本、图像、音视频),可以通过任何技术手段(脱机的、联网的),可以是交互的,跨越时空的社会阅读,也可以是私密的个人阅读。为了避免定义内容的无限扩张,从图书馆信息资源建设与阅读推广的角度,通常认为,数字阅读包含两层含义:一是阅读对象的数字化,即阅读内容以数字化方式呈现,如电子书、网络小说、电子地图、数码照片、博客网页等;二是阅读方式的数字化,即阅读载体、终端不是平面的纸张而是带屏幕显示的电子仪器,如 Pad/MP3/MP4、计算机、手机、阅读器等。此定义在数字阅读的对象上既不像狭义数字阅读那样限制于以语言符号为主的文本,也不像广义数字阅读那样发散到包括音视频等立体、动态媒体,因而比较符合当下图书馆工作的实际。

与传统的纸本阅读相比,数字阅读具有以下特征:

(一)阅读形态多元化

阅读形态多元化主要表现在阅读设备的多选择与阅读对象的多形态两个方面。读者可根据自己的阅读习惯和喜好自由选择如计算机、平板电脑、手机、电子书阅读器、MP3、PSP、MP4 等阅读设备中的任何一种进行阅读;也可选择各种格式、长度及体量的文本、声音、图像、动画等数字内容形态来阅读。

(二)阅读模式多样化

读者可以根据自己的阅读偏好,自主调整字体、字号、背景颜色、高度等;根据阅读环境或习惯差异,选择在线浏览或离线阅读、翻页或滑动阅读、横屏或竖屏阅读、默读或听读、顺读或跳读,甚至通过检索匹配的查询式阅读。此外,除主动获取感兴趣的内容外,还可接受阅读推送。

（三）阅读内容交互融合

读者在线上阅读的认知过程中，通过阅读社会化交互，如内容分享、转发、评议、回复等，实现互动参与和社会交往。在此过程中，用户既是数字内容的创建者也是读者；数字化内容之间相互引证、内外链接，读者可根据需要拓展阅读内容。此外，传统的文本为主的平面静态阅读逐渐发展为文、图、声、像结合的动态、多维、立体式阅读；数字化阅读设备通过对阅读内容、阅读标记、用户评价、浏览痕迹等数据的记录和计算，推荐读者可能感兴趣的内容。

（四）读者对象成群集聚

数字环境中，相同阅读兴趣的用户可以通过主动被推荐方式快速结识抱团，将个人阅读行为变成公共阅读行为，在小团体内交流心得，分享体会，共同参与团体发起或组织的活动，并将线上交往延伸到现实生活，如豆瓣小组、QQ 群、微信群等。此外，数字化设备能通过记录读者个人或阅读内容的相关信息，对用户进行包括性别、年龄、职业、阅读兴趣、阅读习惯等在内的多维度分类、分组，并针对不同类别的用户群开展个性化服务。

无疑，数字阅读一方面有着纸质阅读无可比拟的诸多优势，如使用便捷、检索快速、储存海量、价格低廉、跨平台交互以及参与内容创建等；另一方面，数字阅读在无形中消解了传统阅读的专注、思索与深刻，使人们在无意识中养成了喧嚣、浮躁的阅读心态。尽管数字阅读生态百相，但人们也不必过分担忧其负面影响，毕竟发出阅读行为的总是具有主观能动性的人。

三、浅阅读及其特点

数字环境下，人们的阅读行为、偏好和习惯悄然改变。美国剧作家理查德·福尔曼曾这样形容："鼠标一击，人人都连接上那个巨大的信息网络，结果大伙都成了泛而薄的'面饼人'。"的确，网络时代，快餐化、碎片化、浅显化的阅读方式正一步步成为主流。浅阅读现象曾一度成为社会关注的焦点。学界对于"浅阅读"的定义也很多，如"浅阅读是指不需要思考的、图文的、跳跃式的阅读""浅阅读是一种浅层次的、以简单轻松甚至娱乐性为终极追求的阅读形式""浅阅读是指阅读不需要思考而采取跳跃式的阅读方式，所追求的是短暂的视觉快感和心理的愉悦"。这些定义大都关注阅读动作（跳跃式）、阅读感受（愉悦）等非本质属性来界定浅阅读概念，显然是不太科学的，甚至还有"浅阅读过程中不需要思考"的错误观点。例如,一个经验丰富的人到书店或图书馆找书,只要浏览一下题名、目录、前言、后记、正文排版,便可判断对该书是否购买或借阅,你能说此过程中没有思维活动吗? 你又能说此种阅读是深阅读吗? 看来,要想准确地给浅阅读下定义,首先得仔细推敲"深""浅"二字的含义。

《现代汉语词典》标注"浅"具有以下语义:

(1)从上到下或从外到里的距离小:浅滩/水浅/屋子的进深浅。

(2)浅显:浅易/这些读物内容浅,容易懂。

(3)浅薄:功夫浅。

(4)(感情)不深厚:交情浅。

(5)(颜色)淡:浅红/浅绿。

(6)(时间)短:年代浅/相处的日子还浅。

再来看看"浅"的反义词"深"的相对语义:

(1)从上到下或从外到里的距离大:深耕/深山/这院子很深。

(2)深奥:由浅入深/这本书很深,初学的人不容易看懂。

(3)深刻、深入:影响很深/深谈。

(4)(感情)厚、(关系)密切:深情厚谊/两人的关系很深。

(5)(颜色)浓:深红/深绿/颜色太深。

(6)距离开始的时间很久:深秋/夜已经很深了。

从上可以看出,汉语空间维度的"深"和"浅"是两个典型的多义形容词,语义是它们的基本义,即从上到下或从外到里的距离大小;语义(4)(5)(6)是它们的非空间义在情感、颜色、时间上的用法;语义(2)指思维产物(即阅读对象)的深奥程度;语义指思维参与的深入程度。显然,阅读作为大脑的一种智力活动,修饰"阅读"行为的"深"与"浅",应该释义为语义。

据此,我们可以根据读者在阅读过程中思维参与的程度,把阅读分为浅阅读和深阅读。浅阅读是指在阅读过程中读者的思维参与较少、对于语言和符号的理解和掌握程度不高、仅停留在了解层面的阅读。思维参与程度少、阅读效果不佳是浅阅读的两个本质特征。如此,我们可以做出如下判断:

(1)浅阅读不是不思考的阅读,而是思考深度不够的阅读。

(2)快速阅读不等于浅阅读。因为快速并不一定影响阅读效果。所谓"目所一见,辄诵于口",东汉学问家张衡就有这样的本领,不仅阅读快速,而且效果很好。

（3）功利性阅读不等于浅阅读，这是显而易见的。若想通过阅读实现功利的目的，很多情况下还非得做"深阅读"不可。

（4）传统阅读不一定是深阅读，网络阅读不一定是浅阅读。尽管"浅阅读"是近些年使用的一个新鲜概念，但浅阅读现象古已有之，只不过互联网的崛起与新媒体的出现促进了浅阅读现象的普遍化。浅阅读并非一个新生事物。

因此，浅阅读是相对于深阅读而言的，"深""浅"阅读之间的界限并不明显，外人也很难从某人阅读的外在形式上对其加以区分，只有阅读主体自身才能真切地感觉到自己所做的阅读是属于"深阅读"还是"浅阅读"。我们提倡深阅读，但也需要浅阅读，在出版业、传播业高度发达的今天，尤其如此。

四、经典阅读及其特点

根据阅读内容的经典性，可以把阅读分为一般阅读和经典阅读。人们很难给"一般阅读"下定义，对"经典"却能如数家珍。如基督教的《圣经》，柏拉图的《理想国》，亚里士多德的《形而上学》，卢梭的《社会契约论》，马克思的《资本论》，亚当·斯密的《国富论》，孔子的《论语》，老子的《道德经》，这些都是经得起考验的、被时间证明了的、对人类文明有着重要影响的著作，可谓经典中的经典。因此，凡是以这样的经典著作作为阅读对象的阅读无疑是经典阅读。可是，现代意义上的"经典"被赋予了更广的含义。一般认为只要具备以下五个要素之一，便可称为"好书"，并在一定程度上赋予其"经典"之意：

（1）核心价值不会随时间流逝而改变的作品。

（2）经久不衰的传世之作，后人尊敬它，称为经典。

（3）具有典范性、权威性的著作。

（4）历史选择出来的"最有价值的书"。

（5）被主流文化所承认的著作。

以上要素中的第（2）～（4）条无疑是国学经典、权威经典、历史经典的主要特征，这是传统意义上的经典。要素中的第（1）和第（5）条则是广义上的经典，即"时代经典"。由于社会的核心价值观念是不断变化的，主流文化也被打上了鲜明的时代印记。因此，经典并不见得是永恒的。但只要某本书在人类长河的某个时空领域产生过重要影响，就值得我们去阅读它，不要错过与它对话。

基于经典著作的以上五个要素,相应地,经典阅读具有以下几个特点:

(一)超时空性

即读者在阅读经典时要有大的时空观,视野要宽广,要联系古代和现代,要对文本有新的阐释。

(二)文化传承性

关于经典阅读的文化传承性,领悟深刻的莫过于公元前 3 世纪末的国王托勒密。为了提高古亚历山大图书馆藏书的利用率,托勒密想出了一个妙招:邀请当时许多国家的名流学者,如欧几里得、阿基米德等人,请他们住在亚历山大里亚,付给他们可观的费用,只要他们好好使用图书馆的财富就行。这一创举的直接结果就是新的书籍和注解不断诞生。加拿大享誉盛名的作家阿尔维托·曼古埃尔说:"现代的读者阅读过去的书,书在阅读的过程中就变成新的了;每一个读者都使某一本书获得了一定程度的不朽。在这个意义上,阅读就是使书籍复生的仪式。"我国学者朱自清在《经典常谈》中说:"经典训练的价值不在实用,而在文化。"现代学人也说:人们拒绝阅读经典,无异于斩断历史传承,自绝文脉。经典阅读的文化传承性由此可见一斑。

(三)审美体悟性

经典阅读要求读者潜入经典著作中,可以"成为"大师本人,去关心属于他们那个时代的问题,给出自己对这个问题的见解和看法;也可以成为大师们的"对手",去分析他们的观点是否有价值,去判定他们的认证是否严谨。所谓站在巨人的肩膀上进行科学研究,对经典文本的这种感悟—理解—建构的过程就是一个审美体悟的过程。

(四)限制性

经典文本中的内容、形式存在着一定的规定性,其中的人、事、物、景具有相对稳定性。我们可以突破权威的理解,可以有自己独到的见解,但却不能离谱。我们常说,一千个读者就有一千个哈姆莱特,但一千个读者心目中的形象毕竟还是哈姆莱特,而不是其他什么人物。这也就是说,阅读离不开阅读对象的规范和制约,经典阅读更是如此。我们不能曲解大师,更不能误读经典,篡改经典。

尽管阅读经典,就是向大师学习,这个道理人人都懂,可做起来却不是那么容易。广西师范大学出版社通过对近 3000 名读者吐槽最多的读不下去的书进行统计分析后,发布了一个"死活读不下去排行榜",位列榜单前 10 名的图书分别是:《红楼梦》《百年孤独》《三国演义》《追忆似水年华》《瓦尔登湖》《水浒传》《不能承受的生命之轻》《西游记》《钢铁是怎样炼成的》《尤利西斯》。从中可以看出,不仅中国古代四大文学名著位列其中,其余 6 本书也全都是世界名著。也许人们并不知道其作者姓甚名谁,出自哪国,但作品名称却如雷贯耳。这些人尽皆知的经典之作,不仅历年来被列入各种推荐书目,很多还被节选入大中小学语文课本。然而,名著却并不受当下国人青睐。究其原因,除了名著人名太长、厚如砖头、晦涩难懂等自身缺陷外,与当下流行的"浅阅读""快阅读""碎片化阅读"也不无关系。

电视、网络、智能手机的广覆盖与高普及培养了人们对大众娱乐文化的兴趣,无形中又强化了人们拈轻怕重、避重就轻的本能选择,而且剥夺了人们的阅读时间。读图读网之风盛行正是阅读"去经典化"的罪魁祸首。

基于此,有识之士纷纷倡导经典阅读。王余光呼吁"阅读,与经典同行";徐雁将经典名著比喻为温补人类心神的"十全大补丸";朱永新回首自己的阅读历程时发现,自己的阅读始终追随着伟大的灵魂;解玺璋建议读书人要多读经典,要有"通古今、达中外、能为世益者"的抱负。大学生至少算得上一般意义上的读书人,总该有些"家国"情怀。如此,大学教育在强调专业教育的同时,不要忽视人文教育,应该倡导经典阅读。

五、共同阅读及其特点

1998 年,美国西雅图公共图书馆举办了"假如西雅图民众共读一本书"活动,主办方希望通过阅读同一本书,给社区居民提供共同讨论的话题,交流思想,促进认识,融洽社区关系。活动吸引了社区公民的广泛参与,收效明显。此后,这种"一城一书"的阅读活动模式在美国图书馆协会公共计划部门的大力倡导下,迅速覆盖了美国 51 个州 383 个社区,并发展到加拿大、英国、澳大利亚等国家。该活动还催生了美国大学的"新生共同阅读计划",又称"新生暑期阅读计划",即在每年新生正式入学前的暑期,学校给新生指定一本阅读书目,要求新生在暑期阅读并思考。新生入校后,学校将围绕这本书展开一系列的活动,如小组讨论、作者见面会等,以引导学生批判地思考问题,建立学习共同体。近年来,国内一些高校也相继开展共同阅读活动。如中央民族大学外国语学院 2009—

2012 年连续四年开展"同读一本书"活动,旨在倡导大学生养成多读书、会读书、读好书的良好习惯,为其提供一个交流思想、互相学习的平台。湖南省高校图工委组织开展"一校一书"阅读活动,参加学校已从最初的本科院校扩展至独立学院与高职院校,并构建了协同阅读推广体系与评价激励机制。该活动倡导经典阅读与精细阅读,强调阅读的经世致用功能,受到了大学生的欢迎,逐渐发展成为一项区域性协同阅读推广品牌。此外,亲子阅读作为共同阅读的另一种形式,也日益受到家长的重视。

综观以上国内外开展的共同阅读活动,我们可以给"共同阅读"作出如下定义:

根据在阅读一本书过程中参与的人数多少,可以把阅读分为个别阅读和共同阅读。共同阅读是指两个或两个以上的人在同一时间段内都读同一本书,并互相交流对该书的感受、困惑和心得,以期借助群体的智慧对该书有更深入的理解,同时也通过交流加深彼此之间的关系。

从该定义中不难看出"共同阅读"具有以下四个特点:

(一)阅读主体的群体性

群体是相对于个体而言的。两个或两个以上有着共同点的个体组成的整体,即可称为群体。大家同读一本书,通常是在学校教育的课堂上,以语文教材为读物,按照教学大纲的规定,在老师的指导下,有步骤、有计划、有目的地进行。毫无疑问,这是典型的共同阅读。当阅读一旦离开课堂,大都是以个人阅读的形式存在,遇到疑问,难免会有孤单无助之感。新媒体环境下,"新浪微博""微信朋友圈""脸书""推特"等社交网络的兴起,让人们可以便捷地分享阅读内容,给共同阅读从"熟人群"向"生人群"扩散创造了条件。

(二)阅读客体的同一性

只有群体阅读同一本书,大家才会有共同的话题,才可以通过互相切磋来增加对知识的理解;个体才可以从他人的阅读中吸收灵感,才可以借助群体的力量培养良好的阅读习惯。

(三)阅读时间的统一性

尽管处于共同阅读群中的个体在阅读同一本书时,阅读顺序通常会有先后之分,耗时也会有长短之分,但整体上必须统一在同一时间段内,可以是同一天、同一月、同数月,却不太可能是同数年。因为人的记忆会随时间而遗忘,时间越长,遗忘越多,进而影响阅读交流的广度和深度。

(四)阅读过程的交互性

共同阅读是集体智慧的碰撞,是团队精神的体现。俗话说,三个臭皮匠,抵个诸葛亮;又说,三人行,必有吾师。共同阅读就是要发挥"臭皮匠精神",发挥不耻下问的精神,让个体学会在分享和合作中更充分地从阅读中汲取营养,从而更具智慧。

换言之,只有两个以上的人在同一时间段内阅读同一本书,并围绕着这本书展开互动交流,才能称得上共同阅读,四者缺一不可。

第二章

阅读推广概述

第一节　世界阅读推广发展概况

阅读推广是提升国民素质的基础路径之一。中国新教育实验发起人朱永新教授指出："一个人的精神发育史就是他的阅读史，一个民族的精神境界取决于这个民族的阅读水平，一个没有阅读的学校永远不可能有真正的教育，一个书香充盈的城市才能成为美丽的精神家园。"由于阅读对于个人、民族、国家乃至全世界发展都具有非常重要的意义，联合国教科文组织、欧美主要国家很早就开始推行世界性或全国性的阅读推广计划，并产生了众多颇具世界影响力的品牌项目，极大地推动了书香社会的发展进程。

一、联合国教科文组织

联合国教科文组织的成立旨在通过教育、科学和文化促进各国合作，对世界和平和安全做出贡献，在世界性图书及阅读推广行动的开展方面，起着积极的推进与引导作用。1970 年，联合国教科文组织第 16 届大会宣布确定 1972 年为"国际图书年"），并选择了 4 个主题：

鼓励著作权和翻译；图书生产和销售，包括发展图书馆；培养阅读习惯；服务于教育、国际理解与和平合作的图书。国际图书年的确立及系列行动计划推动着世界范围内的图书推广进程。联合国教科文组织发起了全民读书"Books for All"的倡议。在该倡议的推动下，许多成员国及地区建立起图书发展委员会，发起书展、文学奖评选、阅读协会和俱乐部、读书讲座与读书会等阅读推广活动。为评估过去十年图书推广成效，并规划未来的行动计划，1982 年，联合国教科文组织在伦敦召开题为"走向阅读社会——80 年代的目标"的世界图书大会,提出了规划国家图书战略、在各种社会中创造阅读环境等发展目标。1995 年联合国教科文组织将 4 月 23 日定为"世界图书与版权日",以推进阅读、出版与版权保护。此后,每年的 4 月 23 日前后世界上许多国家和地区均会举行丰富多彩的阅读活动。1997 年,联合国教科文组织发起全民阅读"Reading for All"活动。为促进图书出版与公众阅读,2001 年,依据"世界图书与版权日"的成功经验,联合国教科文组织通过 31 C/Resolution 29 号决议,发起"世界图书之都"计划,每年由联合国教科文组织与国际出版商联合会、国际书商联合会和国际图书馆协会和机构联合会共同评选出一个城市,以"世界图书之都"的名义庆祝和传扬人类的图书事业和阅读活动,任期始于当年的 4 月 23 日,终于翌年的 4 月 23 日。当选"图书之都"的城市必须已有效果显著的众多阅读推广活动,并在担任"图书之都"那一年实施为该年特别制订的阅读推广计划。历年"世界图书之都"分别是:西班牙的马德里(2001 年),埃及的亚历大(2002 年),印度的新德里(2003 年),比利时的安特卫普(2004 年),加拿大的蒙特利尔(2005 年),意大利的杜林(2006 年),哥伦比亚的波哥大(2007 年),荷兰的阿姆斯特丹(2008 年),黎巴嫩的贝鲁特(2009 年),斯洛文尼亚的卢布尔雅那(2010 年),阿根廷的布宜诺斯艾利斯(2011 年),亚美尼亚的埃里温(2012 年)。

事实上,联合国教科文组织的阅读推广活动主要是由联合国教科文组织提出理念、计划,向成员国发起号召,然后各国家和地区自主地由有关政府部门、图书馆、学校、非政府组织、企业和媒体等机构具体组织和实施,联合国教科文组织提供支持和帮助,这一特征从 20 世纪 90 年代至今更加明显。

二、德国

早在 18 世纪晚期,德国就曾掀起过历时 25 年的"阅读革命"。这场革命使读书不再是贵族的特权,中产阶级和普通老百姓开始广泛触及阅读图书,整个德国社会热衷读书的大幕由此拉开。大诗人席勒将 18 世纪的德国称为"一个被墨渍铺盖的世纪""一个读书成瘾的世纪"。1763 年德国颁布了《普遍义务教法》,1807 年普鲁士政府承担起"教育整个民族"的重任,这两项举措进一步将"阅读革命"推向高潮,奠定起深厚的民族阅读根基。其后,德国通过发展出版事业、书店业、图书馆业、创建阅读引导机构——阅读基金会等方式,营造出书香之国的氛围。

德国的出版业、书店、图书馆系统均非常发达。根据《中国出版传媒商报》的报道，德国有 2200 多家出版社，年出版新书均为 7.2 万余种。由德国书业协会创办于 1949 年的法兰克福书展被誉为"出版界的奥林匹克大会"，每年有 100 多个国家和地区、7000 多家出版商和书商、30 多万个新品种参加，已成为世界最大和最重要的图书贸易展销会，被称作"世界文化的风向标"。根据《光明日报》的报道，德国有近 8000 家书店，另有许多书店与咖啡厅结合的读书场所，书店工作人员达 31000 余名。许多书店因为极富创意的设计及独特的主题特色，吸引着全世界的爱书人专程前来选购书籍。德国拥有发达的图书馆系统，包括州立图书馆、市（镇）图书馆、社区图书馆、学校图书馆、教会图书馆等在内的各类型图书馆约 1.8 万家，使德国人看书"比买啤酒还方便"。2011 年前后，公共书架悄然兴起于德国的街头、城市广场及郊区超市里。这种书架每个造价约为 5000 欧元，主要依靠捐赠并由志愿者团队管理，可以放置 200 本左右的书。人们可以拿走想看的书，并留下自己希望与他人共享的书，无须登记，也无借阅期限。书店、图书馆、公共书架让德国民众可以随时阅读图书，营造出浓厚的书香气息，推动了德国社会阅读的发展。

德国阅读基金会成立于 1988 年，是一个政府支持、众多名人参与的全民阅读推广组织，致力于为不同的社会群体提供相应的阅读促进计划，使德国成为一个阅读之国，让每个孩子、每位成年人都具备良好的阅读和媒介素养。基金会扮演着全民阅读的国家联系人和践行者的角色，通过调查研究、政策建议和各种项目不断改善"德国国民阅读境界"。同时，基金会还将自己视为促进社会和政府间对话交流的中间人，促进不同国家机构、基金会、政府、公众、学术界和商界之间合作的协调者。基金会由历届德国总统担任名誉主席和总顾问，组织构成包括理事会、联合委员会、学术顾问组以及日常运营团队。理事会成员由出版机构代表、图书馆协会代表、教育协会代表、总统办公室代表、政府各部代表、广电机构代表等构成，是基金会的决策机构，工作内容包括确定工作方向，并在争取政治、经济及社会各界参与基金会项目活动方面提供支持。联合委员会主要为基金会提供资金支持，由多元机构、协会及企业成员构成。学术顾问组为基金会的科研和项目工作提供内容支持，并跟踪研究阅读和媒介素养领域的新趋势和新问题。基金会的工作还得到很多社会精英和知名人士的志愿支持，包括作家、政治家、学者、媒体人、音乐家、主持人、体育明星、娱乐明星等。这些志愿者无偿担任基金会的阅读大使,并亲自参加基金会的许多活动。日常运营团队由总经理、业务经理、运营经理及下属项目部组成,拥有全职员工40余人。下属项目部主要有"家庭和幼儿园"项目部、"少年和学校"项目部、科研项目部、公关部等,面向青少年、家长、教育工作者、图书馆员、社会人士,为他们提供阅读建议、培训、导读手册等免费服务。此外,基金会还设有阅读与媒体研究所,主要任务是对媒介使用、阅读及朗读、阅读的社会化等问题进行科研调查,对项目进行跟踪与评估,组织阅读和媒体研究领域的各种主题会议。为了更好地开展基金会的工作,有效地提高基金会工作人员的辅导能力和指导水平,2004年,基金会在汉诺威莱布尼茨图书馆成立了"阅读推广学院",为基金会的阅读推广工作人员提供专业的阅读指导和训练。基金会通过开展全国性的阅读推广项目、设立阅读相关奖项的方式,来引导及推动全民阅读。典型的阅读推广项目及奖项有:

(一)4·23世界图书日

从1996年起,阅读基金会联合德国书业协会、德国邮政、电视台等举办"送个故事给你"活动,将25万册图书送给全国四、五年级的小学生,同时还为教师提供阅读辅助材料和指导服务。2012年起,该活动扩展至成年人,名为"以书会友"。阅读达人可以从专家推荐的书单中选出一种,在4月23日赠送给多个朋友,分享阅读的快乐。

(二)全国朗读日

从2004年开始,阅读基金会联合时代周报和德国铁路基金会在全国范围内开展朗读日活动,让人们在学校、幼儿园、书店、图书馆、博物馆、火车站、购物中心、游乐场大声朗读,以激发全民阅读和朗读的兴趣与热情。许多来自政治、文化、体育及传媒界的名人也参与了全国朗读日活动。

(三)阅读起航

参照起源于英国的"阅读起步走"项目,2011年阅读基金会与德国联邦教育和研究部联合发起全国性的"阅读起航"项目。项目联合儿科诊所、幼儿园和小学,分别在孩子1岁、3岁和6岁时向家庭赠送阅读礼包,其中有给孩子的适龄图书、给父母的亲子阅读指导和当地的阅读服务大全。根据基金会的统计,约有5000位儿科医生和4800家图书馆加入了"阅读起航"项目。

(四)德国阅读奖

由阅读基金会与德国商业银行基金会共同设立,于 2013 年 10 月首次颁发,年度奖金总额为 23000 欧元。

(五)迪特里希奥彭贝格媒体奖

由基金会与新鲁尔新莱因报基金会共同设立,旨在奖励在教育政策和阅读文化方面有突出表现的作品。该奖每年颁发一次,奖金为 6000 欧元。

三、英国

英国是一个较早开展阅读推广事业的国家,政府部门、基金会、慈善机构、企业等均直接或间接地推动着社会阅读及图书馆事业的发展。从政府部门来看,英国文化、媒体和体育部及其下属的英国艺术委员会、英国教育和就业部对于社会阅读推广事业给予了极大的支持。以培育社会阅读兴趣与习惯为基本目标的基金会及慈善组织有英国图书信托基金会、英国全国读写素养信托基金会、阅读社,英国全国性的阅读推广项目多由这些机构发起或实施。同时,英国还有一个非常特殊的、对英国阅读推广及图书馆事业发展起着很大推动作用的公司——开卷。

(一)英国图书信托基金会发起的阅读推广项目

英国图书信托基金会创建于 1921 年,是英国最大的儿童阅读慈善机构,目标为以阅读改变生活,通过赠送图书及资料并提供相关支持,每年为 340 万儿童提供阅读服务。

英国图书信托基金会主导的旗舰项目为 1992 年发起的"阅读起步走"。该计划由英国文化、媒体和体育部资助,通过医疗卫生机构、图书馆等与儿童早期教育相关的机构,在孩子 0～12 月及 3～4 岁将图书礼包赠送给幼儿家庭,以帮助婴幼儿家庭从小培养孩子的阅读兴趣与习惯。鉴于该项目对儿童学习能力所产生的良性成效,英国森宝利连锁超市赞助 600 万英镑的经费,以在全英国范围内推广该计划。英国约有 92% 的幼儿受惠于此项目。英国政府拨款 2700 万英镑,赠送 450 万份图书礼包给全英国 4 岁以下的幼儿。"阅读起步走"模式在全世界产生了广泛的影响。

图书信托基金会发起的其他阅读推广项目包括:"阅读时光",为 4～5 岁的孩子提供图书礼包,推动家庭每天亲子阅读 10 分钟;"信箱俱乐部",由地方当局和学校为孩子报名参加,半年内每个月为5～13岁的学生提供彩色图书、数字游戏和文具;"故事猎人",由学校为四年级学生报名参加,半年内每个月为学生提供精选书籍、相关游戏及资料,以培养阅读兴趣;"图书嗡嗡",由学校为11～13岁的学生报名参加,为学生提供他们从专家推荐的17种图书中挑选出的图书。

(二)英国全国读写素养信托基金会发起的阅读推广项目

英国全国读写素养信托基金会创建于1992年,是一个独立的慈善组织,致力于提升英国贫困社区(1/3的人存在读写问题的社区)的阅读与听写技能,领导、发起并参与了英国诸多具有广泛影响的阅读促进项目。

在英国教育和就业部的支持下,英国全国读写素养信托基金会于1998年9月至1999年8月领导及实施了"国家阅读年"活动计划,旨在创建一个读者之国,并帮助提高学校的阅读标准。阅读年中每个月均设定了主题,如讲故事、诗歌阅读、戏剧阅读、多媒体图书阅读、互联网阅读、运动阅读、报刊阅读等。通过项目资助的方式,"国家阅读年"激发了社会各界广泛的阅读推广热情,商界、传媒界、图书馆和教育机构、政府组织、志愿部门、文学界、艺术界、图书业等纷纷参与活动,以创新的方式推动社会阅读。"国家阅读年"还产生了广泛的社会影响,活动意义及效果受到多方认可与赞扬,并得到高度认同机构的赞助,如森宝利连锁超市给予英国全国读写素养信托基金600万英镑的资助,英国文化、媒体和体育部设立为期两年,每年200万英镑的读者发展基金以支持公共图书馆的读者发展。延续1998年阅读年模式,在英国全国读写素养信托基金、阅读社及由英国艺术委员会、图书信托基金会、博物馆、图书馆和档案馆委员会、国家青年社等9个组织联盟的领导下,"国家阅读年"活动于2008年再次举行。此次活动取得了极大的成功,网站登记的活动有近6000起;图书馆新增230万读者,其中70%为儿童,比"国家阅读年"启动时增加了58%。

(三)阅读社发起的阅读推广活动

阅读社创建于2002年,是一个致力于推广阅读的慈善机构,主要由英国艺术委员会资助,与公共图书馆有着密切的关系。阅读社的基本信念为:当我们阅读时,一切都在改变。为激励儿童、青少年及成人等不同社会群体的阅读,阅读社发起了多项影响全国的阅读活动。

1.夏季阅读挑战

该项目是英国最大的儿童阅读挑战计划,目标是推动4～11岁的儿童夏季阅读 6 本及以上的图书,完成挑战的孩子将获得证书。98%的英国公共图书馆参与了该计划。

2.图书絮语

该项目始于 2001 年,以阅读俱乐部的方式开展,目前是英国最大的儿童读书俱乐部网络,目标对象是 4～12 岁的儿童,约有 9000 多名儿童会员。

3.阅读先行

每年英国公共图书馆、高校、工作场所、监狱都会举行该活动,鼓励成人参加 6 本书阅读挑战。

4.世界图书之夜

该项目名源于"世界图书日",首次活动于 2011 年举行。自 2012 年开始,该庆祝活动于每年 4 月 23 日举行,通过图书馆、监狱、高校、医院、收容所等机构或热心人士向那些不常读书的人赠送图书,以推动更多的成人阅读。

5.阅读之友

该项目由大彩票基金资助,旨在通过阅读来开展对话,以解决读者孤独和孤立的问题。

6.健康阅读

该项目由健康专家和有生活经验的人开发及支持,旨在与图书馆合作,帮助人们通过阅读来理解及管理他们的健康问题。

7.快读

该项目于 2006 年推出,通过与知名作家合作,请其创作出版短小且引人入胜的书籍,在图书馆、监狱、大学、医院和成人学习组织中分发,或是在书店出售,以推动那些有阅读困难的人阅读。

(四)开卷发起的阅读推广项目

开卷起源于雷切尔 1990 年创建的创造性阅读、写作与出版咨询工作室,1991 年该工作室得到艺术委员会的资助,为公共图书馆提供咨询与培训。1992 年,在艺术委员会的支持下开卷举办了题为"解读未来"的研讨会,探讨公共图书馆在现代文学推广中所扮演的角色,对英国公共图书馆产生了巨大的影响。"读者发展"是开卷服务及产品设计的核心理念,意指通过积极干预来增强人们的阅读信心与乐趣,开展阅读选择,提供阅读经验分享机会,以及提升阅读作为创造性活动的地位。基于读者发展理念,开卷本着以读者为中心而非传统的以馆藏为中心的思想,对图书馆家具、物理空间布局、推广方法、读者参与方式进行新型思考与设计,以新型家具供应、图书馆布局支持、馆员培训的方式,服务于英国公共图书馆、中小学图书馆的建设与革新,产生了广泛的影响。开卷发起的主要阅读项目有:

1. 分枝

一期于 1998 年启动,有 33 家图书馆参加,将"读者发展"的理念应用到图书馆政策、职责描述、馆藏管理、推广、员工培训、以读者为中心的网站等图书馆服务设计中;二期由艺术委员会支持,于 2006 年完成,有 149 家图书馆参与。

2. 馆藏质量评估工具 SQHC(Stock Quality Health Check)

开发于 2004 年,因为应用该工具后产生了惊人的对比数据并引发激烈的讨论,之后短短 3 年 SQHC 就几乎被所有图书馆的服务评估所采用。

3. 前线在线培训项目

启动于 2005 年;2006 年,成为图书馆界最成功的大型在线培训案例;2005—2007 年 98% 的英国图书馆参与了"前线"项目;2013 年"维多利亚前线"完成,成功培训了 1000 名澳大利亚图书馆工作人员;2015 年"前线"更新为"前线基础版""前线标准版""前线专业版"3 个版本。基础版含 4 次课程,为新进馆员及志愿者介绍图书馆环境下的"客户关怀"理念;标准版含 5 次课程,通过示范与互动练习的方式,开展标准的图书及阅读推广的培训,使被培训人员的服务水平达到开卷设计的标准。专业版含 5 个模块,教授在图书馆工作中引入、发展及嵌入"以顾客为中心"的实践。

4. 图书空间

2011 年开卷将"图书空间"概念引入小学,其后的 3 年,开卷为 150 所小学设计创建了图书馆或图书角,2015 年开卷成为英国小学"图书空间"引领性提供商。

另外,开卷基于新型研究与设计,于 2003 年提出了"快速挑选"的概念,又在艺术委员会的支持下出版了《读者友好的图书馆服务》一书。2016 年,开卷创立了北美分公司,将其理念及产品向美国、加拿大扩展。

四、美国

美国是一个非常重视阅读推广的国家,其相关政府部门、由政府支持的非营利性机构,均积极地推出全国性或地方性的阅读推广计划,联合图书馆、学校、教会、出版传媒机构、医疗卫生组织、志愿者等,面向未成年人或是全体社会,开展丰富多彩的阅读推广活动,营造出热烈的阅读氛围。

1966年,致力于推进0~8岁儿童阅读与读写能力的非营利组织"阅读是基础"成立,成立当年即有4.1万华盛顿小学生收到20万本书。其后两年福特基金开始资助RIF,该项目由此进一步推广至全美。RIF主要实施的项目有:旗舰项目Books for Ownership、Care for Read、Family of Reader。所有RIF的推广项目均包含3个核心要素:阅读激励、家庭和社区参与、挑选及留存免费图书的兴奋感。RIF的项目遍布美国50个州,每年通过各州社区志愿者为儿童提供约400万份免费新书及素养资料。英国亦借鉴应用了该模式。

美国历史上数届政府都对社会阅读问题高度关注,专门出台相关法案或计划来推动国民阅读。里根政府将1987年定为"全国读者年"。克林顿总统非常重视美国儿童的阅读问题,为确保儿童在小学三年级末掌握独立阅读的能力,分别于1997、1998年通过了《美国阅读挑战法案》《卓越阅读法案》。2002年,小布什政府签署了《不让一个孩子落伍法》的教育改革法案,其中包含"阅读优先"计划,要求由该计划资助的学校须基于科学研究来开展三年级儿童的阅读指导。

1977年,美国国会图书馆设立图书中心,在全国性阅读推广计划的策划、组织与引导中发挥重要作用。图书中心推出的极有影响力的两个阅读推广项目为:

(一)"一城一书"

"一城一书"的雏形起源于1998年西雅图公共图书馆华盛顿图书中心主任南希·珀尔发起的"如果西雅图全城共读同一本书"活动,其后该活动形式得到广泛推行。"一城一书"的活动内容通常包括:"同读一本书"活动、读书研讨会、关于图书的报告或演讲、作者见面会、展览、相关电影播放,或是作为高校整合课程的一部分。为指导各地开展该活动,美国图书馆协会制作了详细的实施指南,包括如何组织该活动、如何挑选图书等。国会图书馆图书中心网站记录了过去举行过的"一城一书"项目及曾被挑选阅读的图书目录等信息。美国国家艺术基金会 2006 年开始启动"大阅读计划",从大阅读图书馆中挑选同一本书进行阅读的社区共读活动（也称为"One Community One Book"），可以申请大阅读计划资助。"一城一书"模式于 2000 年左右开始在美国高校流行，并且在全世界范围内都颇为盛行。

（二）美国国家图书节

美国国家图书节由美国第 43 届总统夫人劳拉·布什与国会图书馆图书中心于 2001 年共同发起。劳拉于 1973 年获得图书馆学硕士学位并开始成为图书馆管理员，这种经历使她非常重视阅读对于个人与国家发展的重要性。因此，早在 1995 年她即与相关人士联手创建了以奖励作者、推动阅读兴趣及助益公共图书馆为目标的得克萨斯州图书节，并于 1996 年领导举办了第一届活动。成为美国第一夫人后，她仍热衷于推广阅读。2001 年，她作为名誉主席，与国会图书馆馆长詹姆斯·贝灵顿联合发起举办了第一届美国国家图书节。图书节每年一届，在每年的 9、10 月于华盛顿国家广场举行盛大的图书节庆典活动，吸引了众多游人参加。劳拉连续担任了 8 届国家图书节名誉主席，自 2009 年起由奥巴马与其夫人共同担任名誉主席。2013 年，超过 20 万人参加了国家图书节，以致华盛顿国家广场的草坪被踏坏。图书节期间，美国各州图书馆也会举行展览、图书签售会、音乐表演、讲故事活动、圆桌会议、插图和新技术演示等系列活动，全国范围内呈现出浓厚的阅读氛围。贝灵顿认为"国家图书节已经成为真正的美国习俗"。

美国国家艺术基金会委托美国国家统计局于 2002 年开展了一项关于美国文学阅读的全国性大型调查。调查报告《阅读危机：美国文学阅读的调查》显示美国文学阅读在加速衰落，尤其在青年群体中此种趋势更为明显。为复兴美国文学阅读的文化力量，美国国家艺术基金会与美国中西部艺术联盟于 2006 年合作发起了"大阅读计划"，通过项目申请资助、提供备选书目，立项机构以"一城一书"的形式开展多元活动的模式，推动全国阅读的发展。"大阅读计划"每年资助 75 个左右的动态社区阅读项目，经费在 5000 至 15000 美元，同时提供资源及各种培训。培训主题包括如何与当地父母合作，发展公共关系的策略，如何引导读书讨论等。阅读活动通常持续一个月，相关活动包括市政官员参加的开幕式、小组研讨与作者朗诵、相关电影与戏剧表演等。美国国家艺术基金会共资助了超过 1400 个大阅读活动，提供了超过 1900 万美元的赞助，活动覆盖到美国每一个国会选区。受资助机构促使当地出资超过 4400 万美元来支持大阅读活动,超过 490 万美国公民参加了大阅读活动,约 8.2 万志愿者与 3.9 万个社区组织参与其中。

为推动未成年人阅读,美国各类机构不遗余力地启动了大量儿童阅读推广项目,如美国教育协会推出"读遍美国",国会图书馆图书中心推出的"文学书信""词汇之河""全美青少年文学大使",美国医疗机构发起的"触手可读",美国出版商协会发起的"直击阅读",美国教育部推出的"夏季阅读运动""现在读写"等,覆盖医院、图书馆、学校、教堂、书店、社区、公园、超市,甚至是餐厅等场所。

第二节 我国阅读推广发展概况

图书馆是一个国家或民族最基础及核心的阅读推广主体之一。欧美各国阅读推广事业的发展,往往是在国家政府的引领下出台相关法案或计划,发动学校、图书馆、医疗机构、社区、教堂、出版社、书店等相关机构,携手营造出全社会重阅读、促阅读的文化氛围,进而推动社会阅读的发展。由于现代意义上作为书刊及知识信息提供中心的图书馆在我国出现的历史并不长,因此阅读推广在我国的发展与欧美各国不尽相同,呈现与我国图书馆事业发展水平紧密相连的态势。

追本溯源,学者名流推荐书目,可谓是中国最早的阅读指导方法。李正辉在《推荐书目源流考》一文中将之追溯至《国语·楚语·申叔时论傅太子之道》记载的申叔时给士亹推荐春秋、世、诗、礼、乐、令、语、故志和训典九种课程以教育太子;而最早正式成目录的为唐初释道宣所编《大唐内典录》之九《历代众经举要转读录》。王重民、彭斐章、王余光等先生则以敦煌发现《杂抄》中的"唐末士子之读书目"为最早的推荐书目,该书目为当时的学子开列了一个包含 25 种图书的书目清单。其后历代为指导读书治学均有推荐书目产生,如元代程端礼《程氏家塾读书分年日程》、清代龙启瑞《经籍举要》、张之洞《书目答问》等。民国至今,推荐书目一直被广泛应用于阅读指导及推广活动中。胡适、梁启超、钱穆、蔡尚思、王余光及一些机构均开列过推荐书目。20 世纪初,中国新式图书馆开始建立。其时的图书馆除了收藏中西书刊,还举办读书会、展览会、巡回讲座、读者竞赛(演讲比赛、时事测验、健康比赛)等阅读推广活动,并通过设分馆、图书流通处、图书代借处、办理巡回文库(又称流通图书馆)等方式来推广阅读。

从文献报道来看,我国中小学教育者于20世纪50年代开始关注并研究"阅读指导"的问题,20世纪80年代开始产生关于图书馆阅读指导工作的研究。周文骏主编的《图书馆学和情报学词典》将阅读指导定义为:图书馆服务之一,是对人们的阅读目的、内容与方法实施积极影响的教育活动。沈继武在《藏书建设与读者工作》一书中对阅读指导工作进行了界定:指导阅读的工作,是在熟知读者及阅读需要的基础上,参与读者阅读活动,积极影响读者选择阅读范围,使他们能够正确地领会文献内容,帮助他们学会利用文献和图书馆。从这些界定可以看出,图书馆阅读指导指介入式地引导读者利用文献和图书馆的服务。20世纪90年代,图书馆导读的概念开始被提出和研究。黄本华认为,图书馆读者导读工作是在图书馆阅读指导基础上发展演变而来,与阅读指导既相联系又有区别,其内容层次更深刻,范围更广泛,将其界定为"是以图书馆的文献资源和馆舍设施为基础,以引导和影响读者阅读、提高阅读效率、提高选择和阅读文献的能力、提高利用文献的水平等为目的,以图书馆特定的工作方法为手段的一种活动(行为)过程"。张启新认为读者导读工作是指"图书馆工作者根据读者求知内容范围来对读者进行辅导、解读、注读、查找、检索等过程中所进行的一种行为。这种行为一般分为四大构成要素,即活动主体(读者)、活动客体(馆员)、活动过程(辅导读者求知过程)和活动环境(图书、馆舍条件、技术手段等),而且,这种行为是一种活动主体与客体相互作用的'双向行为',是图书馆工作人员与服务,对象即读者之间的一种'求知'与'引导'的过程"。

从学者们的论述可以看出,图书馆阅读指导或导读是一个宽泛的概念,涵括了图书馆使用指导、阅读内容与方法指导、目录及工具书使用方法指导、文献检索知识教育等所有指导,引导或辅导读者利用图书馆、文献与阅读的服务及活动。从图书馆重点工作演变历史来看,过去被统括于导读工作范畴的内容逐渐分化并进一步拓展,成为专门的实践及研究领域,如参考咨询、信息素养教育,以及而今应时代需求脱颖而出的阅读推广。

综上所述,我们虽然可以从国内过去的阅读指导或导读工作中追寻到阅读推广的历史轨迹,但整个20世纪我国图书馆事业还处于建立图书馆网络、健全现代图书馆服务功能的状态,阅读推广意识较弱,阅读推广活动较零散,其目标、理念、模式、规模等与当今提出的阅读推广均不可同日而语。

以 1997 年中宣部、文化部、国家教委、国家科委、广播电影电视部、新闻出版总署等九部门联合发出《关于在全国组织实施"知识工程"的通知》为标志,我国政府部门开始有意识地倡导社会阅读。"知识工程"办公室设于文化部图书馆司,以发展图书馆事业为手段,以倡导读书、传播知识、推动社会文明与进步为目标。实施目标之一"知识工程"为:形成全社会爱书、读书、利用图书馆的良好风尚,提高全民族的思想道德素质和科学文化水平。2000 年,"知识工程"领导小组把每年的 12 月定为"全民读书月",当年深圳市委市政府率先发起了"深圳读书月"活动。2004 年 4 月 23 日,由全国"知识工程"领导小组和文化部联合主办、中国图书馆学会和国家图书馆承办了以"倡导全民阅读建设阅读社会"为主题的"世界读书日"宣传活动,进一步推动了我国阅读推广的进程。2006 年,中国图书馆学会科普与阅读指导委员会成立,其年,作为特定术语的"阅读推广"一词开始在文献中正式使用。2008 年,中国图书馆学会发布了《中国图书馆服务宣言》,第 6 条为"图书馆努力促进全民阅读。图书馆为公民终身学习提供保障,促进学习型社会的建设",宣示了我国图书馆所肩负的阅读推广使命。2009 年,中国图书馆学会科普与阅读指导委员会于换届时更名为"阅读推广委员会"。此后,在图书馆界的大力呼吁与不懈努力下,国家政府文件或宣传中均表现出对社会阅读问题越来越多的重视与支持。同时,让越来越多的组织及个人参与到社会阅读推广事业中。在短短十余年间开展了广泛丰富的阅读推广实践,掀起了阅读推广大潮,产生了众多示范单位、阅读推广品牌与先进个人,阅读推广愈见成效。

阅读是国民教育及文化传承的基础。随着国家领导层对于文化在国家发展战略中重要地位日益深刻的认识,文化及与文化发展息息相关的国民阅读问题,自 2011 年党的十七届六中全会通过了《关于深化文化体制改革推动社会主义文化大繁荣大发展若干重大问题的决定》后,受到国家的高度重视,并于近年出台了相关行动规划及法律法规。2011 年出台的《关于深化文化体制改革推动社会主义文化大发展大繁荣若干重大问题的决定》指出"文化越来越成为民族凝聚力和创造力的重要源泉、越来越成为综合国力竞争的重要因素""建设优秀传统文化传承体系。优秀传统文化凝聚着中华民族自强不息的精神追求和历久弥新的精神财富,是发展社会主义先进文化的深厚基础,是建设中华民族共有精神家园的重要支撑",提出要大力发展公益性文化事业、建设优秀传统文化传承体系,把深入开展全民阅读活动作为加快城乡文化一体化发展的重要内容。2012 年党的十八大报告提出"建设优秀传统文化传承体系,弘扬中华优秀传统文化""开展全民阅读活动"。2014 年《政府工作报告》提出"倡导全民阅读""传承和弘扬优秀传统文化"。2015 年《政府工作报告》则指出要"弘扬中华优秀传统文化""倡导全民阅读,建设学习型社会,提高国民素质"。2016 年《政府工作报告》把"倡导全民阅读,普及科学知识,提高国民素质和社会文明程度"作为"十三五"时期的重要工作;其后出台的《中国国民经济和社会发展第十三个五年规划纲要》要求"推动全民阅读",并将全民阅读工程列为"十三五"时期文化重大工程之一;同年 12 月,《中华人民共和国公共文化服务保障法》《全民阅读"十三五"时期发展规划》相继出台。《全民阅读"十三五"时期发展规划》是我国首个国家级全民阅读规划,旨在推动全民阅读工作常态化、规范化发展,标志着全民阅读问题已上升至国家战略高度。2017 年《政府工作报告》继续提出要大力推广全民阅读。同年,《中华人民共和国公共图书馆法》于 11 月通过,第 33 条将公益性讲座、阅读推广、培训、展览列为公共图书馆应向公众免费提供的服务,第 36 条要求公共图书馆通过开展阅读指导、读书交流、演讲诵读、图书互换共享等活动来推广全民阅读。国家也在多个场合宣传阅读的价值,认为读书可以让人保持思想活力、得到智慧启发、滋养浩然之气;认为体现一个国家综合实力最核心的、最高层的,还是文化软实力;中华优秀传统文化是中国在世界文化激荡中站稳脚跟的根基。

国家政府层面对于全民阅读问题的重视与支持,加之中国图书馆学会阅读推广委员会的多方引领,我国阅读推广事业近十年来发展迅速。中国图书馆学会通过建立阅读推广专业委员会,召开阅读推广峰会,评选示范基地、优秀组织、优秀项目、开展阅读推广人培训、组织出版阅读推广教材等方式,来引领全国阅读推广工作的开展。中国图书馆学会阅读推广委员会分委会的数量已从创建当年的 15 个增加至 21 个,每个分委会的人数 25 人左右,吸纳了大量的阅读推广人员。自 2006 年起,中国图书馆学会开始组织召开"全民阅读论坛",已连续开展 12 届;2013 年开始举行"全民阅读推广高峰论坛"。各分委会也举办了很多极具特色的研讨会,如经典阅读推广委员会于 2013 年开始举办"经典亲近边疆·边远行"。这些研讨会的举办,对于阅读推广理论与实践的发展起到了积极的推动作用。为激励及表彰全国阅读推广工作的开展,中国图书馆学会设立了"全民阅读示范基地""全民阅读先进单位""全民阅读优秀组织""阅读推广优秀项目"等评选活动,这些评选活动得到了社会各界广泛的响应与参与。值得一提的是,高校图书馆在前两项评选中表现不俗。据南昌大学图书馆副研究馆员熊莉君统计,全国有 22 个地区 71 家高校图书馆获得了 114 次"全民阅读先进单位"荣誉称号,有 12 个地区 30 家高校图书馆获得"全民阅读示范基地"荣誉称号。中图学会网站已展示的品牌阅读活动有"世界读书日""全国少年儿童阅读年""中国文化风""绿色阅读"等。2014 年,中国图书馆学会在全民阅读推广峰会上举行了"阅读推广人"培育行动启动仪式,已成功举办 9 期培训班,培养了 2100 余名阅读推广人,主题涵盖了阅读推广基础工作、阅读推广基础理论、儿童阅读推广、经典阅读推广等。

在建设全民阅读社会的呼声下,图书馆、出版社、书店、传媒机构、营利性机构(如亲子教育机构、国学培训机构、会员制的图书出借机构、移动阅读平台研制者)、学校或研究机构、政府及相关公益机构、社会团体(如志愿者组织"故事妈妈")、个人等纷纷加入阅读推广大潮中来,从各自的领域开展了丰富多彩、各具特色的阅读推广实践,为整体社会性阅读推广风潮的形成推波助澜。

作为阅读推广的核心机构,阅读推广工作在图书馆全局工作中的位置已全然改变。过去部分图书馆也会举办一些展览、讲座、读书竞赛等推动阅读的活动,但往往处于零星的、可有可无的、非系统非常态的状态。当前,阅读推广已成为图书馆的主流核心工作,也成为许多图书馆的工作考核要求。教育部修订颁布的《普通高等学校图书馆规程》界定高校图书馆既是学校的文献信息资源中心,也是校园文化和社会文化建设的重要基地。规程第三十二条规定高校图书馆应积极参与校园文化建设,积极采用新媒体,开展阅读推广等文化活动。文化部颁发的全国第六次公共图书馆评估定级标准中,"阅读推广与社会教育"成为新增的评估重点,数量指标包括:讲座培训次数、展览次数、阅读推广活动数量、数字阅读量占比、每万人参加读者活动人次、阅读指导、图书馆服务宣传推广。为推进阅读推广工作,许多图书馆从空间与设施、人员、服务设计等方面对图书馆整体工作进行了重新规划与布局,设置专门的阅读推广部门或岗位,配置富于吸引力的阅读空间,采用新模式、新技术、新方法来开展阅读推广工作,增强阅读推广的活力与效果。与图书馆相似,书店在空间布局改造、阅读活动举办等方面也令人耳目一新,如广为人所称道的"钟书阁、先锋书店、诚品书店、西西弗书店"皆成为所在城市美丽的人文风景。响应当前文化发展及阅读推广的形势,传媒机构推出《朗读者》《中国诗词大会》《见字如面》等大受好评的节目，影响着大批观众接触、了解及阅读更多有价值的作品。随着社会、技术等的发展，在庞大的社会阅读推广群体中，不断有新的力量加入。例如，来源广泛的移动阅读平台提供商推出掌阅 iReader、QQ 阅读、天翼阅读、书旗小说、微信读书等数字阅读网站或 App。又如，基于对儿童教育的热情，"故事妈妈"等志愿者群体在青少年阅读方面起到了良好的推动作用。不同的阅读推广主体间合作与融合的发展趋势日益明显。在推广社会阅读的共同目标下，各种社会阅读推广力量竞合联动，举办了大量极具创意的阅读推广活动，形成了一种文化现象、一股社会风潮。

第三节　高校图书馆阅读推广发展概况

在世界性的阅读推广潮流中，高校图书馆亦无例外加入其中，面向师生或是所在地区开展阅读推广活动。

一、国外高校图书馆的阅读推广

世界各国高校图书馆对于阅读推广的认可及参与程度不一。从文献报道来看，美国高校图书馆的阅读推广工作是伴随着"读者咨询"工作的开展而不断发展的。美国学者克劳力将美国的读者咨询工作发展分为 4 个阶段：1876 至 1920 年为产生阶段，1920 至 1940 年为以非小说类图书为咨询重点的阶段，1940 至 1984 年为读者咨询在成人服务中的缺失阶段，1984 至 2005 年为读者咨询工作的复苏阶段。他认为现代读者咨询可以被理解为有组织地推广小说或非小说自主阅读的项目，以达到满足读者需求及促进人口素质提高的双重目标，其对读者咨询工作复苏影响较大的事件为 1984 年"成人阅读圆桌"的创建。该委员会由一群芝加哥公共图书馆员创建，旨在通过读者咨询培训、深度体裁风格研究、读书俱乐部培训来推动公共图书馆的读者咨询工作与休闲阅读推广。因为教学和研究服务是高校的核心任务，故关于课外阅读或称"休闲、消遣阅读"是否为高校图书馆的必须服务，也常处于有争议的状态。

美国学者朱莉·埃利奥特等梳理总结了课外阅读推广在美国高校图书馆的发展历程：20 世纪 20 年代至 30 年代课外阅读推广通常被视为高校图书馆的使命之一；20 世纪 30 年代至 40 年代研究者较多讨论了大学生的课外阅读状况；20

世纪 50 年代起由于图书馆文献资源日益增加、馆员工作量加大,以及由美国第一波婴儿潮引起的用户量激增,美国高校图书馆的课外阅读推广开始被忽略,许多馆员不认为这应该是其工作内容;20 世纪 70 年代由于信息技术成为各类型图书馆的关注重点,高校图书馆课外阅读推广进一步被削弱;20 世纪 80 年代随着咨询工作的复苏,高校图书馆的课外阅读推广工作重新得到关注。

美国学者麦克·亚当指出,学生阅读日渐减少,这会直接影响到他们的批判性思维,建议以发展流行阅读馆藏与阅览室、开发活动项目、编制阅读书目的方式来推广休闲阅读。美国学者保罗·B.维纳于 1982 年对美国 110 所高校图书馆进行了调研,发现 61.4% 的被调查高校图书馆,通过设置休闲阅览室的方式向用户提供课外阅读服务;由于经费、人员及空间方面的困难,也有少数学校不提供此类服务。

美国学者莫里塞特于 1993 年调查了美国东南部 85 家高校图书馆,发现有 45% 开展了消遣阅读服务。美国学者克恩斯于 1999 年调研 40 家田纳西州高校图书馆的结果发现,70% 的被调查高校图书馆有独立的休闲阅览收藏。美国学者桑德斯于 2009 年在 3 个美国东南部州的高校图书馆调研结果发现,64% 的被调查馆提供独立的休闲馆藏。根据朱莉·埃利奥特 2007 年的调研,有 270 人填写了调查问卷,显示设置休闲读物展示及阅览区域是最普遍的阅读推广方式(71.4% 的被调查者有专门的休闲阅览区域,66.2% 的被调查者有独立的休闲阅览室),另外,被调查机构也采用了图书交换、推荐书目、新书专区、一校一书等阅读推广方式。从上述调研结果来看,美国高校图书馆阅读推广工作比较普及。

从实践报道情况来看,美国高校图书馆也出现了颇为流行的阅读项目,或是一些已形成品牌的阅读项目。即使在阅读推广较为低落的 20 世纪 60 年代,美国高校也出现过一些产生了良好示范效应的阅读推广项目。1961 年,摩根州立学院校长马丁·杰金斯启动了校园共读项目。他每两个月给师生提供同一本书、讨论计划和播放相关电影。图书馆员是执行委员会成员,开展与所挑选书相关的资料展示活动。该项目非常成功,杰金斯评论该创新举措为校园带来新的智力活力。

2000 年左右,"一城一书"模式在美国高校悄然兴起,有"一校一书""同一本书""共同阅读项目"等称谓。根据美国学者安迪·吐温发布的题为《高等教育中的共同阅读项目》的调研报告显示,在被调查高校中,61.2% 已具有 4 年的活动记录,18.6%具有 7 年的活动记录;"同一本书"项目的主要目标在于构造智力参与模式、开启社区感受;其次,是激励阅读、提供学生理解多元视角的机会,及增强新生培训的学术成分。根据对象范围,美国高校图书馆开展的"同一本书"项目可分为面向校园社区及面向包括校园社区在内的当地社区两种类型。面向校园社区的"同一本书"项目通常与学校针对新生的 First Year Seminars(FYS)课程项目或是新生培训项目结合在一起。运作方式:由教师、图书馆员、学生事务工作人员、学生等组成的校"同一本书"委员会共同讨论确定一本作为下一年度新生共同阅读讨论的图书,图书入选的主要标准为图书是否具备激发讨论的能力、是否能够适应学生的趣味并引发其提出有价值的问题;新生入学后夏季阅读及讨论选定的图书,秋季图书作者会来到学校面向全校师生演讲及交流,将围绕一本书的思考与讨论推向高潮并得以升华。

康奈尔大学图书馆"新生阅读计划",即属于面向校园社区的阅读项目。该馆自 2001 年起开始实施以"同一本书"项目为基础模型的"新生阅读计划",以培养新生的文化修养及批判性思维能力。每年春天,康奈尔大学负责本科生教育的副教务长会组建一个选书小组,以"内容可以使读者从人文科学跳入其他学科领域进行思维"为基本挑选原则,从多本提名书籍中挑出一本既有历史影响又有现实意义的文学作品。选书小组遴选出的图书于新生入校前分发给新生;根据新生阅读计划委员会的安排,新生必须在入校前将书读完,并从预设的十个思考题中任选一题写读书体会;新生报到后的第一周参加与该书相关的讲座、讨论、作文竞赛和其他活动,在整个学年中,不同院系会以不同的形式和从不同的角度发起关于图书内容的深度揭示及讨论交流,以加深学生对于图书所涉及主题的理解与思考,促进学生批判性思维的形成。康奈尔大学图书馆深度参与了这项学校主创的新生阅读计划。图书馆的一位参考咨询馆员和一位美工设计师全程参与了计划的实施,参考咨询馆员负责创建阅读活动网站,更新及保存历届阅读活动的信息;美工设计师负责活动宣传海报的设计与活动的整体宣传推广;其他馆员则义务参加由 200 余位康奈尔大学教师员工带领的学生讨论小组。为配合活动的开展,图书馆还举办了小型展览。计划委员会于 2013 年 8 月组织 6 次演讲,促使学生探索图书内容所涉及的主题、学科、活动及资料,教师和员工引导阅读讨论。

新墨西哥大学图书馆、密西西比大学图书馆则在社区范围内发起了"同一本书"活动。2007年,新墨西哥大学图书馆申请并得到美国国家艺术基金会10000美元的资助,开展了社区性的"大阅读"活动。系列活动的开幕式由获奖诗人吉米·圣地亚哥·巴卡的演讲拉开,美国国家艺术基金会负责人到场发言,并安排有当地舞蹈、芭蕾舞剧表演等节目。150人参加了开幕式活动,其中许多是高中生。后续系列文化活动包括音乐表演、讲故事、谈话节目、魔法表演、参观、多语种朗读、影展、散文与摄影竞赛、读书讨论等。最初,社区民众对开幕式之后的活动参与度不高,但随着活动的开展,参与人数逐渐增多,特别是当地长住民及新搬迁过来希望及早融入当地文化的人们,并涌现出一些非常活跃的参与者,如高中教师不仅带学生来参加活动,而且在学校举办读书讨论会、鼓励学生参加竞赛活动,并积极策划他们自己与图书相关的活动。活动开展过程伴随着密集的宣传推广,包括在人群集中的地方张贴海报、分发读者指南等宣传物,以及当地报纸、电台、广播实时发布活动资讯等。活动举办得非常成功,最终约有1900人参加了其中的至少一个活动项目,其中68%是年轻人。此后,大阅读计划成为当地每年必办的活动项目。该馆将成功经验总结为:分发图书、作者参与、明确活动性质、与社区利益相关者合作并向他们学习、激发图书馆内部参与和交流。

与新墨西哥大学图书馆的做法类似,密西西比大学图书馆于2010年秋季面向本校师生及当地社区举办"一社区一书"活动,该活动是该馆最成功的延伸项目之一。该馆延伸委员会发起活动的目的是希望通过围绕同一本书的共同阅读、写作及学习的经历,让学生形成批判性的思考、阅读与写作的能力,激发由同学、邻居、教师共同构成的社区感觉,使图书议题、学生、社区之间产生关联。整个秋季,该项目共举行了9项活动,主体活动为文艺表演、社区讨论播客、作者演讲等,约有300人出席了活动。活动总经费为11980美元,其中,学校提供7500美元(63%)、密西西比人文艺术委员会提供4000美元(33%)、图书馆提供280美元(2%)、当地企业赞助200美元(2%)。由于活动的成功举办,学校给予图书馆更多经费及资源支持,以保证此项活动作为一种年度活动项目正常举办。

另外,由于阅读推广活动在美国社会的广泛开展,美国高校图书馆也产生了一些品牌性的脍炙人口的阅读推广项目,如西肯塔基大学图书馆的"南肯塔基图书节"。"南肯塔基图书节"创始于20世纪90年代中期,起初该馆希望通过举办图书节为馆藏建设增加经费,结果不尽如人意。1999年,图书馆转变观念,不再将图书节视为盈利工具,而是将其作为图书馆与社会联系的纽带。至21世纪后,图书节的宗旨被定义为"鼓励阅读及爱书,积极贡献于本地区和本州的扫盲运动",很清晰地体现了大学服务于社会的主旨。

西肯塔基大学图书馆在图书节运作过程中探索出一套非常有特色且有成效的管理模式。图书节活动以伙伴单位合办的方式开展,以西肯塔基大学图书馆为主,社区公共图书馆和连锁书店为合作伙伴。合作伙伴成立了图书节组织委员会。

(一)主要成员

1. 图书节联席名誉主席

由三位在大学和公共图书馆任董事或顾问的社区领袖担任,作为一种荣誉职位发挥其在社区德高望重的影响力。

2. 图书节管理委员会

图书节管理委员会是图书节组织委员会的执行机构,也是领导图书节活动开展的核心力量。委员会成员分别为:西肯塔基大学图书馆馆长,社会服务负责人(需要具备极强的人际关系与协调能力,直接向馆长汇报,负责统筹图书馆的社会服务活动,包括联络及协调社区其他合作伙伴,领导公关负责人做好社会服务宣传,紧密配合发展部负责人为社会服务集资,配合数字图书馆负责人提供社会服务网站所需信息),发展负责人(隶属于学校发展办公室,同时接受馆长领导,负责筹款)、数字图书馆负责人(负责利用网页、博客、播客等网络工具宣传报道各项活动)、公共图书馆的正副馆长及公关负责人、书店的正副级经理及公关负责人。

3. 若干委员会

图书节管理委员会下另设若干委员会,负责图书节各项活动的筹备和组织工作,包括募捐委员会、肯塔基作家大会筹办委员会、作家联谊会筹办委员会、写作竞赛委员会、肯塔基文学奖评选委员会。各委员会由馆员、大学教师和社区志愿者等组成。

在社会服务负责人的主持下,合作伙伴组成的图书节管理委员会形成定期开会的制度,制定方针政策,讨论各项活动安排,并根据形势变化,调整活动内容与时间,不断创新。图书节活动经费以社会集资(包括现金及食物、酒水、花卉等实物)为主,以活动收益(包括旧书出售、售书分成等)为辅,收支平衡,略有结余。

每年 4 月,图书节与美国图书馆协会倡导的"全国图书馆周"同时举行,为期两天,选在周五和周六,以便小学及社区居民参与。

(二)主要活动

1."一本书、一个校园、一个社区"

该活动为图书节活动亮点,操作方式为:

首先,图书节组织者出台一套图书选择标准:要么作者为肯塔基人,要么内容与肯塔基有关;然后,建立一个由馆员、教师、合作伙伴、社区群众组成的图书筛选委员会,通过筛选、阅读、讨论、投票选举等程序,选出一本在校园和社区推广阅读的图书。

其次,举行活动启动仪式:图书馆领导开场,英国文学教授简单介绍作者和作品,免费分发由筹集的资金购买的图书。然后,组织读者根据网上公布的讨论大纲讨论读书心得,并开通博客让读者随时参加讨论。若图书已被拍成电影,还会在校园和公共图书馆免费展映该影片。

最后,邀请作者亲临现场畅谈写作心得,朗读图书章节,解答读者的阅读疑问,为读者签书。现场也举行售书,所得收益作为图书节活动经费。受大学版的"一本书"活动的启发,图书节组织者萌生了少儿版的"一本书"活动——"同在一页上"。该活动利用公共图书馆的优势争取到很多小学的支持与积极参与。启动仪式上由当地有名望的政治家、活动家和企业家到学校给学生们读书。邀请作者到学校与学生见面,时间往往配合全美"儿童读书周"来进行。"同在一页上"活动也取得了巨大的成功,组织者进而从 2007 年秋开始,举行针对中学生的名为"1 Read"的"一本书阅读活动"。

2.肯塔基作家大会

作家大会在图书节前一天举行,会议内容包括讲座、座谈等,参会的小说家、散文家、诗人、作曲家等分享其写作经验、投稿遭遇、出版流程以及音乐诗词的创作等。受邀和主动申请参加图书节的作者每年有 200 人左右,大都来自肯塔基和周边地区,也有全国知名作家。除著名或特邀作者外,其他作者的路费和住宿费基本自理。会议对社会免费开放,对写作感兴趣的大学师生及当地群众踊跃参会,与作家进行面对面的交流。英文教授把参会作为教学内容的一部分,动员学生参会。会议期间亦举行发言作家图书展售活动,收益与图书节分成。综而观之,作家大会是作家、师生及社区群众共聚一堂的盛会。

3.作家联谊餐会

该餐会是图书节组织者为图书节筹款而特意设计的活动环节。餐会的酒水由赞助商提供,作者免费参加,有兴趣与作者接触的当地群众也可以提前购票参加。由于门票价格较高,故来者多为社会名流。

4.肯塔基文学奖

活动由文学奖评选委员会组织,委员会成员由西肯塔基大学英文系教师、馆员,以及当地文学爱好人士组成。被评选的图书须具备两个条件。

其一,图书要么作者是肯塔基人,要么内容与肯塔基有关;

其二,图书必须是前一年内出版的、用英文书写的新书,即重印的、外文的、自费出版的图书不符合提名条件。文学奖按小说、非小说、诗歌三大类,分设一、二、三等奖各一名。该文学奖的重要性随着图书节和其他相关活动知名度的提高而有所攀升。

5.其他活动

包括针对地区内的中小学生开展的写作竞赛活动、学生会捐书行动、图书与篮球、旧书大卖场、全美家庭识字月等。

南肯塔基图书节活动具有浓郁的地方特色、文化教育性及大学与社区紧密结合的特点,并且取得了很大的成功。该活动 1999 年举办时参加人数已有 3000 余人,到 2002 年跃升到 6000 余人,现在参与人数过万。活动持续性地举办,不但有利于提高社区居民的文化素养,而且有利于图书馆的重要性赢得学校、院系及社区广泛认可,有利于大学招生及保持在校生的就读率,以及培育图书馆的赞助者。与美国情况不太相同的是,英国高校图书馆开展阅读推广工作的比较少。根据瑞秋·格拉德温和安·古尔德的调查,57.9%的被调研高校图书馆既没有休闲阅读收藏,也不推广休闲阅读;仅 40%的被调研馆或有休闲阅读收藏,或开展了休闲阅读推广工作。这些开展阅读推广的高校图书馆采用的方式主要有:读书群组、推荐图书(含展览及书单)、图书交换、作者活动、小测验。英国高校图书馆开展休闲阅读推广的主要障碍在于:定位、经费、职责、空间、员工态度、员工时间。对于休闲阅读的看法,绝大多数被调查者认为它对于大学生很重要或是重要,也认为它有利于提高学术成绩,但几乎同样多的被调查者认为高校图书馆不应该提供休闲阅读材料。

二、我国高校图书馆的阅读推广

(一)历史发展

我国高校图书馆的阅读推广工作与 20 世纪 80 年代中后期我国开始出现的图书馆阅读指导、图书馆导读工作及校园文化建设有所渊源。当时,高校图书馆的主要资源为纸本书刊,比较重视图书导读工作,通过创办读书社团、举办讲座、读书会、新书推介、推荐书目、读书写作与交流等活动,来推动校园阅读氛同的形成及推进学生人文综合素质的提升。1986 年,同济大学学生会对 500 多名历届毕业生进行追踪调查,在最后提交的报告中有这样一段话:"大学生活是学生走向成熟的一个重要阶段,他们不仅需要掌握必备的科学技术知识,更重要的是要成为一名合格的全面人才。他们在这里形成自己思考问题、解决问题的方法,不断形成、改变并最后确立自己的人生观和世界观。在这一过程中他们需要最充分的教育和引导。然而调查结果表明,约有 70% 的毕业生认为学校教育在这方面是缺乏的。"在这个诱因的推动下,同济大学图书馆于 1989 年联合团委、学生会等建立"同济大学学生读书小组",举办读书报告、征文、读书沙龙等读书活动,以达到拓宽学生知识面、增进个人修养、培养学生独特的知识爱好及文字表达能力的目标,并使图书馆"在发挥情报作用的同时,更好地发挥教育职能,使阅览和借阅得到延伸,影响或指导学生课外阅读"。华东师范大学图书馆抓住大学生感兴趣的热点问题及校园文化动态,邀请著名作家、知名文化人士来馆举办讲座或书画展览,推选"师大人最喜欢的十本书",组织书评活动等。上海交通大学包玉刚图书馆流通部于 1994 年组建"求索书社",举办讲座、图书荐读、漫画大赛、读书竞赛、小说写作与话剧表演等活动。

随着信息技术的发展,电子资源逐渐成为图书馆馆藏的重要组成部分之一,并日益为用户所倚重。在此背景下,围绕着电子资源的推荐与使用,图书馆的工作重心发生了很大的转变,参考咨询、信息素养教育等工作日益被视为图书馆支持教学科研的主体服务,而以图书推介为主的图书导读工作逐渐被边缘化,与之相关的阅读指导及推广工作处于可有可无的状态。图书馆如果认为该工作值得投入人力物力去做就开展;反之,就处于断断续续、时有时无的状态。

（二）相关调研

20 世纪末至 21 世纪初,随着国家层面的日益重视与相关文件及政策出台,阅读推广不仅成为公共图书馆的核心工作,还跃升为高校图书馆的核心工作内容。中国高校图书馆不仅出于职业精神,而是带有更多国家行动意味,掀起了系统化、规模化、持续化的阅读推广工作热潮。根据中原工学院图书馆馆长岳修志开展的调查,2/3 的被调查高校图书馆每年举办阅读活动,1/3 的图书馆不定期举行。主要采用的方式有:读书征文比赛、图书推介、名家讲座、图书捐赠、读书有奖知识竞赛、图书漂流、精品图书展览、经典视频展播、读书箴言征集、名著影视欣赏、馆徽设计征集、名著名篇朗诵、品茗书香思辨赛、评选优秀读者,前三种是主要方式。

滁州学院图书馆丁芬芬等调研了 39 所"985"高校图书馆,填写问卷的 36 家全部开展了阅读推广活动,其中图书展览、书目推荐、读者征文、名家讲座、图书漂流是被采用得最多的 5 种方式。

华北理工大学图书馆李杏丽调研了华北地区(北京、天津、河北、山西、内蒙古)的 336 所高校图书馆网站,发现 52.9% 的图书馆有开展阅读推广活动的报道,河北省 56 所高校图书馆中 73.8% 开展了阅读推广活动。

南京信息工程大学图书馆副研究馆员丁枝秀调研了江苏省 130 所高校图书馆的网站,发现 88 家(占比约 68%)近 3 年开展了阅读推广活动;活动方式频次从高到低依次为:好书荐购、经典诵读、阅读推广专题讲座、信息资源检索与利用讲座、信息检索大赛、书海寻宝、优秀中外文书展、精品书画展、精品摄影展、经典电影欣赏、主题征文大赛、阅读之星评选、阅读推广活动问卷调查、读者座谈会、超期豁免、电子阅览室免费冲浪、爱心图书修补等。

韶关学院图书馆邝秀君访问广东省 72 家高校图书馆网站,发现 51.4% 的图书馆开展了阅读推广活动。湘潭大学公共管理学院蒋逸颖和杨思洛对湖南省 34 所高校图书馆网站进行调查,发现这些图书馆基本都开展了阅读推广活动。黑龙江科技大学图书馆研究馆员鞠兰萍通过网络或电话的方式对黑龙江地区的 24 家高校图书馆进行调查,发现 91.7% 的图书馆开展了阅读推广工作。西安邮电大学图书馆的周秋霞调研陕西省 34 家高校图书馆,除了一家网站无法打开外,其余 33 家都开展了阅读推广活动。河池学院图书馆副研究馆员彭年冬调研了广西壮族自治区 53 家高校图书馆,其中,开展了阅读推广工作的图书馆比例为 88.68％。天津财经大学图书馆靳峥面向 40 余家财经类高校图书馆的调研显示，高校图书馆开展阅读推广工作主要是基于丰富校园文化及配合全国全民阅读推广活动的考虑；40％的被调查高校阅读推广工作有专门部门负责。

这些调研显示了中国不同省份地区或是特定类型高校图书馆的阅读推广工作普及的程度、主要活动方式及面临的主要问题，但未能形成大规模覆盖全国所有地区的高校图书馆调查，无法全面展示中国高校图书馆阅读推广的整体情况。

(三)问卷调查数据

基于揭示阅读推广在高校图书馆整体开展情况的考虑，我们综合已有研究成果，重新设计了包含 17 个问题的问卷，开展了一项覆盖 42 所世界一流大学的高校图书馆及国内东西南北中各地区、各种类型的高校图书馆的问卷调查。最终回收到 177 家高校图书馆的有效问卷。调查统计结果如下。

1.关于高校图书馆对于阅读推广的态度

98.31％的被调研者认为高校图书馆应该开展阅读推广工作；91.53％的被调研者认为本馆重视阅读推广工作，在 177 位被调研者中只有 15 位认为本馆不重视阅读推广工作。事实上，被调研的 177 家图书馆全部在不同程度上开展了阅读推广工作。

2.关于高校图书馆的阅读推广是常年开展，还是在某一时段开展

调查结果显示，有 68.93％的图书馆常年开展阅读推广活动，88.14％的图书馆在世界读书日开展阅读推广活动，67.8％的图书馆在新生入学季会设计特别活动。另外，在出现社会文化热点事件、毕业季、校庆等时间节点，也分别有47.46％、45.2％和 33.33％的图书馆会开展阅读活动。

3.关于开展阅读推广活动的口号

62.15％的图书馆采用自创的阅读活动品牌作为发起口号，55.93％的图书馆用世界读书日作为口号，以读书月、读书节、读者服务月等作为活动发起口号的占比分别为 41.81％、38.42％和 24.86％。

4.各图书馆均采用了极为丰富多元的方式来开展阅读推广工作

表 2-1 显示了这些方法被采用的频率。七成以上的图书馆采用了图书推荐、讲座、展览、优秀读者评选、读书沙龙或研讨会、写作（征文或书评）六种活动方式；五成以上的图书馆采用了表中所列占比排名前十的方式。除了选项中列

举的方式外,还有一些图书馆填写了文化体验活动、阅读训练营活动、走读活动、图书馆安静日或书斋生存挑战活动等方式。

表2-1　各种阅读推广方式被采用的频率统计

活动方式	频率	活动方式	频率	活动方式	频率
图书推荐	94.35%	阅读＋朗诵或表演秀	60.45%	阅读App	19.77%
讲座	85.31%	志愿者活动	53.11%	编辑出版阅读刊物	14.69%
展览	77.97%	阅读数据报告	51.41%	阅读马拉松	12.43%
优秀读者评选	73.45%	阅读知识闯关赛	27.68%	其他	11.3%
读书沙龙或研讨会	72.32%	真人图书馆	22.03%	阅读学分	10.73%
写作(征文或书评)	71.75%	阅读微拍及推荐	21.47%	课程	8.47%
图书捐赠或漂流	68.93%	线上全文阅读网站	20.9%	共同阅读	6.78%

5.关于推广内容

各类型文献占比分别为:人文经典88.14%,热门图书76.84%,新书57.06%,专业经典文献55.93%,特色馆藏45.76%,其他14.12%,地方文献12.43%。数据显示,七成以上的图书馆以人文经典、热门图书作为重点推广内容;新书、专业经典文献、特藏的推广也受到五成左右的图书馆重视。

6.关于阅读推广活动的宣传推广

各类媒介占比分别为:海报88.14%,图书馆网站新闻85.88%,图书馆官微(微信、微博)83.62%,展板83.05%,图书馆网站专栏61.58%,横幅47.46%,专门微信公众号38.42%,传单折页33.33%,其他14.12%,邮件9.6%。数据显示,传统纸媒的海报和展板、图书馆官网与官微是阅读推广宣传的主媒介。超过六成的图书馆创建了阅读推广网站专栏,近四成的图书馆创建了专门的阅读微信公众号,显示出图书馆对阅读推广活动宣传展示工作的重视程度。另外,也有被调查者补充填写通过学校官网、电子屏来宣传展示阅读推广活动。

7.空间及设施也是激发读者阅读兴趣的重要举措

调查显示,有50.85%的图书馆建有特色阅读文化展示空间,有25.99%的图书馆建有IC空间,有19.77%的图书馆建有新技术体验空间。

8.在阅读推广人员的岗位设置方面

27.12%的图书馆新成立了与文化、宣传推广、阅读推广相关的部门;55.93%

的图书馆调整了部门职责,将阅读推广工作纳入传统的借阅部门或读者服务部门的岗位职责;46.33%的图书馆采用了跨部门工作小组的形式。另有4家图书馆回复由信息咨询部或技术部兼职,也有1家回复无该岗位设置。

9.关于阅读推广活动是否拓展到校外社区

30.51%的图书馆开展了校外阅读推广活动,69.49%的图书馆不面向校外开展阅读推广活动。

10.关于阅读推广主体的合作模式

77.97%的图书馆采用了图书馆主导,团委、学指委、宣传部、教务处等职能部门合作支持的模式;12.99%的图书馆采用以学生社团为推广主体、图书馆指导的模式;2.26%采用院系或其他部门主导、图书馆协作的方式。另有2家图书馆反映根据不同的活动项目综合采用上述3种合作模式。

11.激励机制

读者的参与对于阅读推广活动的成败至关重要,因此采用有效的激励机制非常重要。调查数据显示绝大多数图书馆采用的是授予奖品及荣誉称号的形式,分别占比89.27%和88.14%;一小部分图书馆采用素拓分、学分的激励方式,分别占比18.08%和16.95%;也有2家图书馆反馈无奖品、荣誉、素拓分、学分等具有实际作用的奖励措施。

12.关于阅读推广活动的经费

87.57%的图书馆来源于本馆的行政经费,36.72%来自企业或社会捐助,16.38%来源于学校专项经费。另外,也有图书馆反馈来自学校其他职能部门,如宣传部、学工部,其中,1家图书馆反馈无经费支持。

13.关于阅读推广成效

89.83%的图书馆反馈读者参与度及反馈好,53.67%的图书馆因阅读推广工作获得学校主管部门的赞誉,36.72%的图书馆获得了中国图书馆学会或高校图书情报工作委员会等行业学会举办的评选活动的奖项,42.37%的图书馆阅读推广工作获得媒体好评与报道。另有图书馆提到,开展阅读推广工作提高了馆员素质、推动了科研。

14.关于高校图书馆阅读推广工作开展的障碍

各种因素占比分别为:阅读推广人才欠缺67.8%、活动经费不足59.32%、活动缺乏创意 58.19%、读者参与积极性不高 44.07%、没有设置专门岗位 35.03%、领导不重视 27.12%、其他 5.08%。前三个是各图书馆普遍认同的障碍性因素。另有 1 位受访者填写道:"只有相关领导和馆员在努力,普通馆员参与度不高;没有一个明确的目标、路径以及考核指标。"

15.关于未来高校图书馆阅读推广的发展

68.93%的馆员持乐观态度,28.81%的馆员持中间态度,2.26%的馆员持悲观态度。

(四)现状与特点

1.从态度及重视度来看

中国高校图书馆对阅读推广高度认同,显示出不同于英美不少高校图书馆员所持的精英主义思想,即不认为高校图书馆应该开展阅读推广工作的观点;多数中国馆员对高校图书馆阅读推广的未来发展持乐观态度;几乎所有的图书馆都重视阅读推广工作。

2.从实施主体来看

近八成的图书馆阅读推广活动采用了图书馆主导、职能部门或院系协作的模式开展,活动所需经费也主要由图书馆行政经费支持。

3.从活动发起口号来看

62.15%的图书馆采用自创的阅读活动品牌作为发起口号,说明多数高校图书馆已建立或形成了活动品牌。

4.从活动方式来看

五成以上的图书馆采用了图书推荐、讲座、展览、读书沙龙或研讨会、优秀读者评选、写作(征文或书评)、图书捐赠或漂流、阅读＋朗诵或表演秀、志愿者活动、阅读数据报告等活动方式。这些活动方式非常立体多元,覆盖到读者读、听、说、观、写等多维感观,体现出强烈的体验性特征与"阅读＋"的复合发展模式。阅读推广活动方式的另一个显著特点是采用微信、微博、视音频等新媒体,或系统技术、数据挖掘技术来推广阅读。这类阅读推广方式适应青年学子的阅读行为偏好,且颇具创意,大受欢迎。

5.从推广内容来看

人文经典、热门图书是阅读推广的重点。实证案例显示,许多高校图书馆的阅读推广品牌名以经典为标志,例如,南京大学的"读经典计划"、武汉大学图书馆的"拯救小布之消失的经典"、湖南省高校图工委在全省高校开展的"一校一书一经典、精读、经世"活动等。

6. 从宣传展示来看

纸媒、数媒是高校图书馆同时采用的重要渠道。

7. 从推广对象来看

当前高校图书馆阅读推广主要面向本校师生开展,也有30.51%的高校图书馆将阅读推广活动拓展到校园之外的读者。

8. 从参与激励机制来看

近九成的图书馆采用授予荣誉称号及奖品的形式。

9. 从成效来看

九成的阅读推广工作取得了良好的读者参与度和反馈,达成了开展阅读推广工作的目标。

纵观世界范围内的阅读推广潮流,欧美等国家政府及相关机构非常重视对于未成年人的阅读推广,已具有较长的推广历史,出台了相关政策法规或计划,并形成了具有世界影响力的品牌项目。其中,美国高校图书馆显示出对于阅读推广的关注,且通常将其与新生研讨课结合在一起。我国是一个颇具"耕读传家"文化精神的国家,自古至今积累了许多对当下仍有借鉴意义的阅读理论、方法与实践。现今所言的"阅读推广"在我国发展的历史并不长,仅走过十余年历程,却发展迅速,而今已是如火如荼。在全民阅读社会建设中,我国高校图书馆亦高度参与,革新空间设施、组织结构、管理机制与服务体系,全方位推进阅读推广工作的开展,形成与国外高校图书馆既有借鉴又有截然不同之处的发展状况。在我国高校图书馆阅读推广蓬勃发展的形势下,对于高校图书馆阅读推广理论与方法的研究可以说是实践总结的必然,也是理论发展的要求。

第三章

高校图书馆阅读推广

2013 年,中国图书馆学会年会主题是"知识给人力量,阅读引领未来"。在 2015 年"阅读·城市·图书馆"论坛上,业界、学界再次向阅读致敬,发出"天下风光在读书"的号召,对图书馆在全民阅读推广普及、服务、技术创新方面起到的引领和示范作用给予肯定。通过公共图书馆、高校图书馆发布的"阅读"大数据,我们欣喜地看到,经过十余年的建设和发展,文化始于阅读的理念深入人心,大众阅读品位趋于成熟和理性,"书香中国"建设对繁荣学术研究、促进文化交流和推动各项事业发展起到了积极作用。在倡导全民阅读的时代背景下,高校图书馆作为校园推动阅读的枢纽,是开展全民阅读的重要力量。高校图书馆具有优美的阅览环境和丰富的馆藏资源,是学生在教科书之外亲近人文阅读、科普阅读、经典阅读,培养阅读意识的主要场所,阅读推广已经成为高校图书馆重要的工作之一。随着数字时代的到来,各种新技术和新媒体也在不断改变着图书馆阅读推广服务的手段。关于阅读的未来、阅读服务的生态发展,是图书馆界、出版界和学界共同探讨的问题。

第一节　高校图书馆阅读推广概念

一、高校图书馆阅读推广的定义

《普通高等学校图书馆规程》明确指出,"图书馆应积极参与校园文化建设,积极采用新媒体,开展阅读推广等文化活动"。从该规程中可见:

第一,阅读推广是高校图书馆服务体系的重要组成部分。

第二,彰显了图书馆作为提升读者信息素养和推动校园文化建设的助推器的价值所在。

第三,图书馆运用新技术、新媒体和新载体,以信息资源为平台,以阅读活动为纽带,实现校园阅读资源整合,创造良好的阅读氛围,激发读者阅读兴趣,培养阅读素养。

具体到如何实现鼓励读者多读书、读好书,丰富校园文化建设等系列阅读推广配套活动,还得从研究高校图书馆阅读推广概念入手。

于良芝教授在《国家图书馆学刊》发表了《图书馆阅读推广——循证图书馆学的典型领域》一文。该文推荐讲解了美国的阅读推广实践经验,讲到以戈登霍尔为代表的美国图书馆学者分析研究阅读推广方式所做的实验。他们同时测试了几种阅读推广方式。

一是站在校园十字路口,向师生发阅读推广书单;

二是在图书馆内用展板展示推荐图书;

三是直接把推荐的图书集中在专架上,放在图书馆的显眼位置。

观察后发现,这三种方式都是有效的,但最有效的是把实物摆在显眼位置直接推出去,其次,是展板宣传,效果略差的是在十字路口发传单。这个案例启发我们如何去研究阅读推广的模式。最后的研究结论提出:"凡是能够将读者的注意力从海量馆藏引导到小范围的有吸引力的图书的推广方式,都有可能提高图书的流通量";"公认最好的图书与借阅量最大的图书之间不存在显著关联性"。

王波教授从这些结论继续引申,在撰写的《图书馆时尚阅读推广》一书中探讨了图书馆阅读推广,所给出的定义是:"图书馆阅读推广,是图书馆通过精心创意、策划,将读者的注意力从海量馆藏引导到小范围有吸引力的馆藏,以提高馆藏流通量和利用率的活动。"

"高校图书馆阅读推广"的含义,从字面上理解,主要体现在学生阅读权利保障、学生阅读素质提高、图书馆职能发挥以及学习型社会构建等方面。

首先,高校图书馆依托馆藏纸质书刊和数字化资源及馆内外空间,可以联合学校相关部门及校外组织,发挥阅读推广主体的主动性,营造书香氛围、引领阅读方向、激发阅读热情,从而引导大学生养成阅读习惯。

其次,高校图书馆阅读推广活动开展可以通过专业化的服务方式运作,就大学生的阅读状况,从阅读推广的角度进行调研,指导和帮助大学生养成自主阅读学习的意识,这也可以极大地促进大学生阅读素养的提升,从而推动高校教学科研的发展。

因此,本书选择借用王波教授对"图书馆阅读推广"的定义,将"图书馆阅读推广"引申为"高校图书馆阅读推广",旨在讨论高校图书馆如何充分利用馆藏资源、馆舍空间及设备设施,发挥高校图书馆图情队伍的专业优势,根据学校师生特别是学生的图情需求,开展文献信息资源推荐及深化阅读活动的方法及途径。

二、高校图书馆阅读推广的构成要素

阅读推广与其他事物一样,在其构成中必须具备一些不可或缺的组成要素。总体上看,必须包括主体、客体、对象、目标、活动、效果。

高校图书馆阅读推广的主体,即阅读推广组织者,是指阅读推广发起者,具体指高校图书馆,或是以高校图书馆为主导校内外其他相关利益者积极参与的临时或固定的组织,或是以校内外其他相关利益者为主导高校图书馆积极参加的临时或固定的组织。

高校图书馆阅读推广的客体,是指阅读推广的目标群体,主要包括在校师生,也包括社会大众和组织。

高校图书馆阅读推广的对象,是指阅读推广过程中向客体推广的内容,主要指各种类型和载体的文献资源、阅读工具、阅读理念和文化等。

高校图书馆阅读推广的目标,是指阅读推广所期望达到的作用和实现的意义,也就是为什么推广,具体指如何提升师生阅读素养和综合素质,如何促进社会大众走进图书馆利用资源。

高校图书馆阅读推广的活动,是阅读推广的载体,是指阅读推广的内容和形式。

高校图书馆阅读推广的效果,是指阅读推广产生的影响和结果是否与所希冀的目标一致,效果可分为显性效果和隐性效果。

三、高校图书馆阅读推广的特点

相对于公共图书馆,高校图书馆阅读推广工作除了具有文化传承性、公众参与性、社会公益性、定位多向性、主动介入性、成效滞后性等特点外,还具有以下特点。

(一)活动主客体一体性

总体上,高校教师和大学生具有良好的文化素养和综合素质,有能力也有意愿转换为阅读推广活动角色,充当活动主体。新媒体时代下,借助于互动性强的信息传播技术,师生读者更能方便快速的转换角色。所以,高校师生及相关组织经常既是阅读推广活动的主体又是活动的客体,二者时常融为一体。

(二)活动客体单一性

就目前而言,高校图书馆阅读推广活动最主要、最大的客体群体来源是比较单一的校内师生读者及相关组织,复杂的层次多样的校外社会大众读者只是零星的散落在各种活动和师生读者之中。

(三)活动对象专业性

由于活动客体的特殊性,所以相对于公共图书馆,高校图书馆阅读推广活动内容所选择的资源和内容往往具有较强的学科专业性和较高深的学术理论性。

(四)活动效果显著性

虽然阅读推广活动效果评价一直难以定量统计,但高校图书馆阅读推广活动效果在一定程度上还是可以从教师的教学水平和质量、教科研水平和学生的学习成绩、综合素质等指标上,进行适当的定量分析与评价。

(五)活动目标特殊性

相对于公共图书馆开展的践行阅读自由和公平等阅读推广活动,高校图书馆阅读推广活动更多关注的是师生读者的阅读质量和品位以及高校和高校图书馆的人才培养目标和宗旨。

四、高校图书馆阅读推广的目标

中原学院图书馆馆长岳修志:"阅读推广的目的是为了激发读者的阅读兴趣和提升读者的阅读能力。"中国图书馆理事范并思:"阅读推广的理论目标是引导缺乏阅读的人阅读,训练有阅读意愿而不善于阅读的人阅读,帮助阅读困难的人阅读,为具有较好阅读能力的人提高阅读服务。"南京邮电大学学者施晓莹:"阅读推广的目标不是简单地提高读者的数量,更重要的是为了读者本身的发展、提升读者的阅读兴趣、培养读者健康的阅读习惯。"南开大学学者于良芝:"阅读推广主要指以培养一般阅读习惯或特定阅读兴趣为目标。"然而由于高校图书馆不同于公共图书馆,作为高校三大支柱之一,其活动的开展必然与教学、科研存在着千丝万缕的联系,活动的目标不可能完全脱离专业学科学习、各类考试、创新创业教育等人才培养目标。所以狭义的高校图书馆阅读推广,即以图书馆为主导联合其他部门和单位,在充分利用现有资源的基础上,应开展培养师生阅读兴趣、习惯和能力,提升师生专业技能和综合素质的系列活动,旨在实现学校教育教学目标和图书馆宗旨。广义的高校图书馆阅读推广,还应该体现高校的社会服务职能,其对象还应包括社会大众,其目标要上升至促进国民阅读兴趣和素养。正如北京大学图书馆提出的观点,即"作为高校图书馆必须兼顾各类学生要求,兼顾各项职能的落实,必须将畅销新书、休闲类书籍的阅读推广和严肃的学术类书籍、教学类书籍的阅读推广相融进行或交替进行",阅读推广"不能只看读者参与人数和社会反响程度,还要看是否与高校图书馆的任务和宗旨相符合"。

五、高校图书馆阅读推广的类型

有学者曾将高校图书馆阅读推广可以分为教育功能与使命、深化阅读、信息保障、和谐关系和艺术鉴赏五大类。也有学者从阅读推广内容的角度,将阅读推广分为阅读文本推广、阅读工具推广、阅读方略推广、阅读理念推广和阅读文化推广五种类型;从阅读推广活动的角度,将阅读推广分为微推广、小推广、中推广、大推广、巨推广和宏推广六种类型。此外,从阅读推广其他构成要素角度划分,高校图书馆阅读推广还应可以分为以下几种类型:

从活动主体角度出发,可分为图书馆主办类、协办类和联合主办类等。

从活动客体角度出发,可分为学生类、教师类、师生类、社会大众类等。

从活动对象角度出发,可分为推广图书馆类、推广资源类、推广服务类等。

从活动功能角度出发,可分为休闲娱乐类、社会服务类和专业学术类等。

从活动目标角度出发,可分为阅读能力提升类、阅读兴趣培养类和阅读方向引导类等。

从活动地点角度出发,可分为馆内类和馆外类,其中馆外类又可分为校内类和校外类。

从活动周期角度出发,可分为定期类和不定期类等。

不同类型的阅读推广活动,有着不同的目标和效果,可以满足不同读者的个性化阅读需求,高校图书馆应该根据不同读者的阅读需求,采取不同策略,开展不同类型的阅读推广活动。

第二节　高校开展阅读推广服务的重要性

阅读推广是图书馆、专业任课教师和学生三方的共同需求。高校图书馆在开展阅读推广服务前,应对上述三方进行充分的需求调研。

广西民族大学图书馆对本学校 500 名学生进行了问卷调研,对于我们了解大学生阅读状况有一定的借鉴意义。调查结果显示:在读者基本的阅读需求中,人文经典荐读需求占 42.3%,专业阅读需求占 89.4%。表明学生对专业阅读指导的需求较为强烈。这一结果反映了高等教育与基础教育脱节的事实。基础教育的中学阶段基本不涉及专业教育,高考填报志愿选择专业基本是看着专业名望文生义,进入大学后对专业的认知需从零开始。调查报告中与之相关的数据令人担忧。在二年级至四年级本科学生中,52.4%的人对自身所学专业表示"不了解专业精神",94%的人选择了"未读过任何一本专业经典著作"。在一、二年级的研究生中,44%的人表示"未读过任何一本专业经典著作",76%的人表示"没有掌握科研方法,还不太会写论文"。说明专业素养教育的缺失在大学阶段并没有得到改善。由此看来,专业书籍阅读、专业学习方法的指导应成为高校图书馆阅读推广的主要内容之一。

调查报告中的人文经典荐读需求与专业阅读需求严重不平衡。这并不表示学生缺乏提高自身人文素养的需求。同样在这份报告中,大学一年级新生对二者的需求均为 100%。这说明大学生在一年级对两者的需求是均衡的,到了高年级变得越来越偏重专业阅读需求。其原因在于:学生对自身专业认知、学习能力及专业技能缺乏信心,就业压力所引发的未来职业焦虑让高年级学生更加重视专业文献阅读需求。

从问卷统计结果来看,大学第一年是大学生成长的关键期,能否使新生顺利实现角色转换,适应大学学习生活,关系到未来人生的长远发展。大学新生在生活环境、观念和方式等方面面临着全新的挑战,首先需要完成的任务就是确定奋斗目标,适应学习和人际环境,转变学习生活观念和方式。

周廷勇认为,学生收获与成长的具体维度包括社会性发展、通识能力发展、实践能力发展和科学技术能力发展四个方面。丛晓波调研发现,超过70%的大学新生常使用的学习方法是利用课堂笔记和工具书、预习和复习课程内容、写课堂作业,而超过40%的新生不常使用研究性学习方法和自我评价方法。

从调研数据来看,大学一年级新生普遍存在如何适应大学生活,尤其是适应专业学习方法、专业文献阅读技巧和方法的迫切需求。众所周知,高等教育与基础教育所属层次不同,两者的教育目标、教育原则、教学方法有着很大的差异。中学教育强调知识传递,以建立学生的认知结构为目标。高等教育以专业知识和专业技能教育为基础,培养适应未来社会需要的全面发展的高级人才。高等教育专业培养是基础、是立足点。简而言之,基础教育是"学会学习",高等教育是"学会生存"。大学一年级新生面对的是两种教育理念的衔接和撞击。图书馆作为学生成长的支持机构,必须帮助学生完成身份转换,平稳度过适应期。通过阅读推广满足大学新生的阅读需求,是支持学生成长的有效途径。

桑斯特等认为,高校通过向学生提供一系列包含新的观点、人员和经历的学术和社会活动,吸引学生投入其中,充分利用这些活动使大学新生实现自身的成长愿景,获得发展。

为确保学生在过渡期实现个人发展和学业成功,20世纪70年代以来,美国推行专为新生设计的新生体验计划。美国教育体制基本实现了高等教育与基础教育的无缝衔接。优秀的高中生利用假期进入大学课题组做一些辅助工作,计算机专业新生进入大学之前已经写了几万条程序,所以,美国大学专业教育的起点更高,也更专业。大学的新生体验计划更强调专业的乐趣与价值,以及自我实现的理想。如公立常春藤高校特拉华大学声称:新生体验计划的宗旨是为培养成功的学生甚至是将来能够改变世界的人而准备。新生体验计划为新生提供尽可能丰富和多元的学习途径和成长机会,同时也对他们寄予厚望。

(1)确保你所做的每个决定都有助于提升你的幸福指数和达到既定目标的能力。

(2)努力在多元化的社区和全球化的社会中成为受人尊敬且有贡献的一员。

(3)确立明确目标,实现自己的学术理想。

(4)培养批判性分析和综合辨别信息的能力。

(5)能够理性地提出有说服力的观点。

（6）与导师建立良好的关系。

美国高校一直以来都非常重视本科生信息素养的培养，大学生信息素养培养方面的成效结果显示：在前两年，学生关于新生体验计划课程的后测平均成绩比前测平均成绩高出11％，而第三年学生该成绩的对比差距高达19％（见图3-1），达到并超出新生体验计划项目设立之初平均成绩增长10％的预期目标。

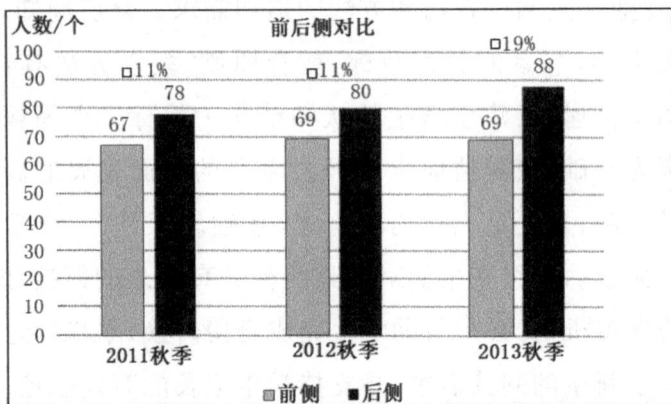

图 3-1　学生在 FYE 课程前后信息素养的平均成绩对比

学校通常会选择富有学校或本地特色的图书为学生提供共读的机会，让新生们了解校园或当地的风土人情，进行有意义的交流，并分享整个校园的知识生活。

美国科学家霍普·杰伦撰写的书《实验室女孩》被选为特拉华大学2018年新生共读的一本书。该书作者是一位屡获殊荣的科学家，是三次富布赖特奖的获得者，也是唯一一位获得地球科学奖青年研究员奖章的女性。自1996年以来，她一直从事古生物学的独立研究，在加州大学伯克利分校获得博士学位后，到佐治亚理工学院和约翰·霍普金斯大学进行教学和研究。在美国国家科学基金会、能源部和国立卫生研究院的支持下，她建立了同位素地球生物学实验室。她在回忆录《实验室女孩》中描述了她的科研生活，讲述了她的科研方法、专业发展、职业挑战以及研究植物神秘生活所带来的快乐。

这本书用于新生在到校之前的假期阅读。开学后的第一学期，阅读推广组织方会围绕本书的主题组织演讲、电影和其他文化活动。每一个新生都对未来抱着憧憬和梦想，他们都需要导师的指引，通过"新生共读"计划项目可以更好地引导他们参与交流，在阅读中成长，从而更好、更快地融入新的学习生活。

此外，2017年"新生共读"计划选用的是《地下铁路》，2016年选用的是《圣君》,2015 年选用的是《慈悲》,2014 年选用的是《感谢您的服务》,2013 年选用的是《我亲爱的世界》,2012 年选用的是《永恒美丽的背后》。

　　"新生共读"计划特别强调通过教育者和学习者的共同投入来实现学生在语言表达能力、书面表达能力、艺术欣赏和理解能力以及看待问题的国际视野等方面的提升目标,帮助新生实现从中学到大学的顺利过渡。

　　我国高校图书馆阅读推广应通过有计划的设计,提高或充实大学新生的能力和信心,以摆脱学习困境,进而提高学生的参与度和投入度,使大学新生强化自我认识、建立自信、改善人际关系、增强社会适应能力、发挥潜在能力。例如,为促进学生的全面发展,香港理工大学自 2011 年开始推行"READ@PolyU"共同阅读计划。该项阅读活动的理念及运作模式,源于美国高校广泛推行多年的"新生共读"计划。

　　香港理工大学为入校新生每人派送一部英文小说作为共读文本,让大家共同阅读。为了保障阅读效果和质量,活动中有教师导读、读者讨论等环节。主要目的是提高学生的英文水平,为本科全程英文教学打好基础;为新生提供共同体验活动,有助于他们能更快地融入校园生活。该项计划不但培养了学生多读好书的习惯,而且提高了图书馆馆藏的使用率,获得广大师生的踊跃支持及热烈好评。

　　该项阅读活动作为一个全校性项目,计划庞大,需要各部门合作推行。香港理工大学成立了筹备委员会,负责项目的策划及开展。在共同阅读计划中,图书馆担当着协调及管理整项计划的核心角色,其中包括宣传、推广、订购及派发小说等。此外,图书馆负责统筹阅读以外的延伸活动,例如,组织讨论小组、链接与所读图书相关的补充资料、图片及书籍展览、作家讲座,以及就书籍内容或主题设计相关课程、举办写作比赛等。

　　"选书标准"是实现整个共同阅读计划的前提和基础,也是实现阅读推广目标的关键。香港理工大学图书馆每年 2 月都会邀请所有师生提名心目中的好书,筹委会审阅提名书单,并以书本的价值、可读性、吸引力和启发性为衡量准则,投票选出最合适的五本书籍,再邀请该校学生读书会的同学试读这五本书的选段。经咨询各方意见后,筹委会最后选出年度书籍。2011 年共读的是《追风筝的人》,2012 年共读的是《相约星期二》,2013 年共读的是《饥饿游戏》,2014 年共读的是《穿条纹睡衣的男孩》。图书馆之所以选择文学作品作为共读文本,是基于三方面的考虑：首先是文学作品传达一定价值观，选择适当作品可以体现阅读导向意图；其次，文学语言与科学用语相比，文学语言理解和掌握的难度更大，适合用来提升语言能力；最后，文学作品具有感性悦人和适宜人群广泛的特征，能够增强活动的吸引力和读者的参与度。

在阅读互动方面，共同阅读计划为每位学生提供参与三场小组讨论会的机会，与各院系的教职员及学长以英语讨论小说的内容。小组讨论会是一个自由开放的沟通平台，设立小组讨论会的目的是：一方面，希望新生在教职员及学长的指导下，通过探讨书中的人物和情节，能掌握阅读的技巧及策略，并培养从阅读中思考的能力；另一方面，通过小组讨论和交流，新生共同分享读书心得、对生活的认知和感悟，增进同学之间的认同、理解，建立密切的情感以至思想的联系。共同阅读活动对于新生掌握阅读技巧，了解老师、同学，获得对于新环境的"归属感"，尽快适应校园生活等方面起到了帮助和支持作用。

为确保能有效地引导新生分享书中的感想，图书馆还邀请英语教学中心语言导师为新生提供培训课程，主要以阅读和讨论交流的方式进行，深入浅出地教授小组讨论的方法及技巧。

为鼓励学生参与小组讨论会，凡同学出席讨论会三次，有关记录就会显示在学生事务处的课外活动成绩单上，并获得赠书。

图书馆把年度书籍纳入大学的通识课程中。教师会从小说中选取与课程大纲相关的情节，设计问题引导学生在课堂上互动讨论，希望活动能加强学校成员的互动与理解。此外，还举办与图书题材相关的展览及书展、电影欣赏会、优秀图书作者见面会，以提高学生的阅读兴趣及知识水平；组织英语写作比赛，通过写作提升创造力和语文技巧。共同阅读活动不但是创建学校成员的"共同意识"和"共同体验"的阅读推广平台，也是新生融入校园，培养正确的世界观与批判思维、学术研究思维，开阔视野、登高博见与扩大个人社交圈的渠道。

在共同阅读计划结束后，图书馆鼓励学生捐出读完的年度小说，再由图书馆免费转赠给其他年级的学生，让全校同学分享图书及阅读乐趣。

共同阅读计划于2011年推出后即获得热烈反响。图书馆于2015年1月曾进行问卷调查，探讨学生在整项计划中所获得的益处。这项调查一共收到129位师生的回复，其中71%的师生反映计划有助于他们学习从不同角度讨论及分享，61%的师生表示阅读技巧有所提高，51%的师生觉得从阅读中得到启发及对生活的反思,36％的师生认为计划增强了老师与学生的交流。PolyU Read 馆藏内的 1039 本书籍的总借阅次数为 5112 次,平均每本被借出 4.9 次,远超一般外借书籍的使用量,可见在建立密切的情感以至思想的联系。共同阅读活动对于新生掌握阅读技巧,了解老师、同学,获得对于新环境的"归属感",尽快适应校园生活等方面起到了帮助和支持作用。

第三节　高校图书馆阅读推广的问题

高校图书馆是高等学校发展的产物和重要的教辅部门,同时也是社会体制变革和科学文化事业发展的公共产品。作为学校的文献信息资源中心,也是区域内的社会文化知识中心,高校图书馆不仅需要为学校师生提供服务,也应该充分利用自身和校园内的资源优势为社会大众提供阅读和信息服务。多年来,高校图书馆的阅读推广工作水平有了大幅度的提升,服务活动取得了显著的成效,但总体工作水平和质量与国外发达国家相比,还有较大的距离。工作不足的原因来自多方面,比较突出表现在以下几点。

一、机构人员不完备

加强组织机构和人力资源建设,是图书馆发挥阅读推广作用和效益的首要保障。国内高校图书馆独立设置阅读推广部门的不多,多数高校图书馆阅读推广工作仅靠非专设部门的临时人员开展阅读推广工作。另外,阅读推广工作组织团队人员构成相对单一,缺乏跨专业(如营销、艺术、计算机等类)推广人参与,更没有采取措施积极主动地吸纳读者、院系和区域内其他高校图书馆、公共图书馆、书店等相关部门的加入。

二、规章制度不健全

虽然部分高校图书馆坚持每年单独制订阅读推广工作计划,也编制专项活动经费预案,但缺乏总体的长期规划和相应的规章制度,无法保障阅读推广持续、快速、健康地发展。例如,活动方案制订没有调研论证机制,仅凭个人经验和喜好;活动开展没有监督机制,无法保障活动公平、公正、公开的原则;活动没有成绩认证体系,活动结果和参与者的成绩得不到宣传与肯定;活动没有经费使用具体细则,经费使用不够科学合理;活动没有评价体系,仅凭活动参与人数、参与领导规格衡量,无法进一步提高活动质量。

三、资源保障不到位

高校图书馆读者阅读需求,既分散又集中。大学生读者阅读需求分散是指不同年级、不同专业、不同个体之间的阅读能力不同,阅读兴趣爱好也不同,阅读需求个性化特征比较显著;阅读需求集中是指大学生在考试复习、考证准备、毕业求职等活动前期,往往对某些特色类目的资源需求量较大,时间也很集中。教师读者阅读需求分散是指不同学科专业、不同年龄层次、不同个体之间的阅读能力不同,阅读兴趣爱好也不同,在承担教学任务期间内阅读需求区别较大;阅读需求集中是指,每当假期来临之际或在假期内,读者一般比较集中的从事教科研活动,对教科研文献资料的需求量比较大。校外读者的阅读需求个性化更为明显,同时与校内读者相比,他们的信息素养普遍较低,需要高校图书馆有针对地开展相关培训,以提升他们的资源获取能力。校内外读者阅读需求特性,加上读者资源需求无限大和馆藏资源有限性的矛盾,使拥有丰富资源的高校图书馆,在某一特定周期和时间节点上,往往也处于馆藏资源不足的状态。同时,由于图书招标和采购制度不合理等原因,图书馆资源满足读者需求的能力不高,大量的资源长期处于闲置状态,而需求量大的资源却又得不到及时有效的补充。

四、工作理念不合理

阅读推广目标是活动的方向,主题是活动的灵魂,内容则是活动的躯干,目标需依托主题活动内容来实现,三者相辅相成,缺一不可。所以高校图书馆阅读推广活动的工作重心应该在于读者及其阅读需求方面,部分高校领导或图书馆领导及工作人员还没有彻底转变工作理念,而是将阅读推广视为政治任务或形象工程,导致活动偏离了工作目标。具体表现在以下四个方面:

第一,活动主题不够明确,主题过去宏大、生硬,缺乏针对性,讲究点多面宽,内容与主题脱节,形散神也散,无法满足读者的实际阅读需求。

第二,活动缺少特色,过度强调活动的连续性和过分依赖其他组织推广案例的引导示范作用,活动缺乏创新,品牌意识不足,不能调动读者的参与热情。

第三,活动同质化现象严重,图书馆可能迫于资源紧张和能力不足等压力,活动内容和项目虽然逐年增加,但技术含量和学术水平不高,长期随意开展同质化、低水平、组织难度低的活动,有"形象工程""走场作秀"之嫌。

第四,活动宣传效果不理想,活动宣传途径虽多种多样,如海报、横幅、展板、图书馆网站等,但总体上缺少技术含量,没能充分利用读者喜好的微博、微信等新媒体,也没能直接深入读者的日常生活和工作过程中。

五、活动支持度不足

高校图书馆开展阅读推广活动,面向的是校内外数量众多的不同类型的读者。仅靠图书馆有限的力量和资源"唱独角戏"肯定无法取得预期的效果,行之有效的工作局面应该是由图书馆指挥的一场"交响乐"。但现实中,活动经常得不到应有的支持、帮助,甚至得不到关注和理解。

一方面,内部支持不足。由于活动在馆内事先未能广泛宣传和积极动员,导致团队协作不足。

另一方面,外部支持不足。学院领导及其他部门负责人除了参加活动的开闭幕式外,基本不了解活动的具体内容,也不会主动给予活动必要的支持。除此之外,有的部门担心影响自己的工作,不理解、不支持图书馆开展的阅读推广活动。

六、阅读推广活动主题单调

各高校图书馆所开展的阅读推广活动虽然形式多样,但不外乎讲座系列、展览系列、书评系列、竞赛系列等,各高校之间雷同率较高。总体来说,很多高校图书馆阅读推广活动在开展多年之后,显得主题单调,缺乏创新性,对大学生读者的吸引力明显降低。特别是很多高校图书馆在策划活动时,往往依据惯性思维,没有事先认真调查学生的阅读兴趣和实际需求,与读者沟通不足,用户体验偏少,欠缺双向深层次交流,导致所策划活动的参与者较少(例如沈阳理工大学图书馆在读书月活动期间开设的系列讲座,出现了读者参与人数较少的尴尬局面),阅读推广活动收效甚微。当然阅读推广活动创新性不足也与高校图书馆普遍缺乏阅读推广专业人才有关。由于我国还未建立图书馆从业资格认证制度,进入门槛较低,馆员素质参差不齐,同时图书馆待遇普遍不高,也很难吸引到高素质、高学历的人才,直接导致图书馆阅读指导专业人才的短缺,影响了阅读推广的整体推进。

七、数字资源阅读推广不足

文献资源包括纸质文献和数字文献,电子文献具有体积小、容量大、易检索等优点,但也有须借助于计算机,否则无法直接阅读、阅读成本高等缺点;而纸质文献则具有馆藏量丰富、使用成本低、阅读方便、富于人文关怀等优势。由于电子文献与纸质文献各有所长、优势互补,未来的图书馆将是纸质文献与电子文献并存的复合型图书馆。而我国高校图书馆目前可能更多地侧重于纸质资源阅读推广,数字资源阅读推广工作虽然也正在开展,但还存在很多不足,有待进一步加强,如数字资源文献检索课程开设普遍性不够,同时该课程一般是作为选修课而非必修课开设,学生涵盖面过窄,大多数读者利用数字资源的技巧和能力有待提高;很多高校也未能有效建设服务于教学的优秀精品课程数字资源,将阅读推广直接嵌入课堂教学;数字资源阅读空间环境设计不够温馨舒适,无法更好地吸引读者来图书馆利用数字资源。

八、阅读推广活动周期过长

高校图书馆阅读推广活动呈现明显的阶段性特点,活动周期过长,往往每年以"读书节"或"读书月"的形式集中在某个时间段开展,一般持续一个月左右,有的高校甚至几年才开展一次活动,阅读推广缺乏连续性。阅读推广活动周期过长是阅读推广活动全年缺少整体规划的必然体现,也是高校图书馆阅读推广专业人才缺乏的必然体现,更是很多高校图书馆未能把阅读推广作为常规的基础性工作的必然体现。高校图书馆试图通过几次大型读书活动来培养大学生的优良阅读习惯、建设校园阅读文化是不现实的,因此有必要制定系统的阅读推广计划,将短期活动发展为长期活动。如在新学期开学初针对不同年级、不同专业的学生制定详细的、个性化的阅读推广活动计划,甚至可制订假期阅读推广计划,帮助大学生实践"阅读无假期"理念,学会用阅读的方式有意义地度过休闲时光。

九、阅读推广媒介形式单一

在信息爆炸式增长、技术变革日新月异的今天,传统互联网正向 2.0 互联网时代转变。Web 2.0 的 RSS(信息聚合)、Blog(博客)、Wiki(维基)、IM(实时通讯)、Tag(标签)、SNS(社交网络)、Podcast(播客)、Toolbar(工具条)等为图书馆阅读推广提供了新的技术手段。虽然有少部分图书馆凭借敏锐的意识,积极将新技术应用到阅读推广活动中,如网上推广平台、手机移动平台等,但大多数高校图书馆在阅读推广活动中,还是过于拘泥于讲座、展览等传统方式,阅读推广媒介形式与国外高校相比显得单一。根据调查,Web 2.0 技术在美国高校图书馆已得到广泛运用,且技术形式多样,内容丰富多彩,界面设计友好,服务功能强大。而就我国高校图书馆而言,一方面,是 Web2.0 技术应用的种类和形式都比较单一,调查表明除了清华大学、上海交通大学、厦门大学等极少数高校图书馆组织应用了 5 种 Web2.0 技术外,大多数"211"高校仅应用 RSS 和 IM 开展服务响,而能有效利用 Web 2.0 技术为阅读推广服务开展可视化对话、知识共创、读书评论留言、手机阅读推送、经典阅读交流、开辟大学生阅读社区等互动性较强活动内容的情况就更少了;另一方面,在图书馆网站建设中也未能给予阅读推广足够的重视,没有将阅读推广活动内容整合成一个专门栏目或网站,缺少与读者互动交流、阅读推广活动跟踪报道、活动总结等重要内容。

第四节　高校图书馆阅读推广的发展建议

阅读推广作为图书馆现阶段最具活力和人文关怀的服务,对于读者阅读现状和阅读推广工作中的问题,需要高校图书馆在阅读推广中进一步加强理论自觉和管理自觉。高校图书馆要建立工作长效机制,要大胆借鉴营利组织的营销理念结合先进的科学技术,采取多样措施,吸纳各方资源,转型升级阅读推广工作。

一、健全组织机构

(一)搭建校内三级管理机构

建立健全三级管理机制,即学校层、图书馆层、院系与学生层。

首先,成立学校阅读推广委员会,从宏观角度组织活动管理,着重加强活动第三方监督机构建设和成绩认证、效果评价、经费管理机制。

其次,图书馆成立专门的阅读推广组织机构,并充分吸纳其他专业学科馆员,加强团队建设,制定活动实施方案或指导院系和学生组织开展活动。

最后，院系和学生社团分别成立阅读推广分会，协办和承办图书馆层制定的活动，也可以在图书馆层的指导下，自行组织活动。例如，山东师范大学学生社团在图书馆的指导下，以"读者带动读者，读者感染读者，读者指导读者"为理念，开展的"创新阅读推广——创意悦读"。

(二)建立区域阅读推广联合组织

高校图书馆需要整合校内资源，联合公共图书馆、书店等机构和组织共同开展服务范围更广的阅读推广活动。例如，在铜陵职业技术学院校园内，成立了国内首个集高校图书馆、公共图书馆与新华书店为一体的"三合一"图书服务中心，并于当月面向全体市民和全校师生服务，升级了传统"新书通道"阅读推广模式，借鉴了内蒙古图书馆推出"彩云服务计划"，开展了以"你读书，我买单"为主题的"现场买书、现场借阅"活动，以"还民于图书采购权"的模式，吸引读者走进图书馆利用图书馆资源。

二、完善规章制度

(一)推行阅读推广个人负责制

提高活动参与积极性，不仅包括读者的积极性，还应包括馆员的积极性。图书馆应积极推行阅读推广人制度，健全相关工作职责和规章制度，明确绩效考核办法，将阅读推广与职称评定、职务晋升直接挂钩。一方面，可以促进工作的顺利开展；另一方面，可以提高馆员的工作积极性，预防职业倦怠。同时，应积极尝试由某一馆员组织开展一项阅读推广活动。例如，美国沃斯堡公共图书馆在暑期阅读推广活动中就由一个馆员承担一个固定的活动，活动以馆员的名字命名，充分挖掘了馆员的聪明才智，取得了很好的效益，也有利于活动品牌的树立。网络信息化时代，图书馆还可以通过网络论坛、贴吧、微信群等平台，鼓励读者组织开展小微主题的阅读推广活动，以便进一步提高活动的参与性、互动性和连续性。

(二)完善经费管理办法

经费一直是制约活动效果的重要因素之一，图书馆必须坚持以下原则，加强经费管理工作。

1.依法原则

依据国家相关财务管理制度，建立科学合理的活动经费预决算及使用管理办法,并予以严格执行。同时,图书馆还应采取各种合法的措施积极扩展活动经费来源渠道,如争取政府、资源供应商、企业家赞助活动奖品等。

2.节约原则

合理规划使用活动经费,将"好钢用在刀刃上",要避免铺张浪费的开、闭幕式;利用新媒体手段开展线上宣传,减少传统横幅展板的使用;活动的精神奖励和物质奖励并举,适当增加物质奖励比重等。

3.效益原则

总结往年的活动效果,科学调配活动项目间的经费比例,如效果好的征文、读书明星评比等活动,应该扩大活动参与范围和奖励额度;效果并不明显的专家讲座活动,则应该邀请广受欢迎的专家予以替代等。

4.监督原则

活动开展过程中,要加强监督工作,保障活动的公平、公开、公正等原则;在经费的使用过程中,要加强民主监督和经费使用公开工作。同时,图书馆还应该积极广泛地吸取馆员和读者对经费使用的意见和建议。

(三)构建成绩认证体系

具有检验大学生专业和综合素质的活动,图书馆应积极向学院申请并取得其他部门的支持,以加强活动成绩认证工作,调动读者活动关注度和参与积极性。

1.活动成绩与课程学分挂钩

图书馆应尝试与教务处联合举办如征文、知识竞答等活动,对表现优异的学生予以课程学分奖励,或以开设信息素养公共课为模式,全面推进各类经典文献阅读。例如,韩国江源大学为提高大学生的阅读能力和综合素质,专门成立委员会,制定《读书认证制度》,要求大学生在毕业前必须完成读书认证、计算机认证和外语认证三者中的任意两个。

2.活动成绩与学生发展挂钩

图书馆应加强与学生处合作,制定有关学生管理办法,在各类评优、评先工作过程中适当倾斜支持参加义务协管员、送书下乡等公益性活动或组织阅读推广活动的学生。另外,盖印学校公章的活动认证对大学生的就业也有帮助。

3.加强成果的宣传工作

图书馆应加强与宣传部合作,通过学报、网站、电台等途径开辟专栏对活动开展全方位、立体化的宣传报道,有条件的图书馆还可以尝试出版发行内部专刊宣传阅读推广。同时,对成绩突出的个人或事迹还应力争在更高级别的媒体上予以宣传报道。另外,在《致家长的一封信》中予以表扬,对于学生来说可能更为珍贵。

(四)完善工作评价机制

国际图联和联合国教科文组织共同编写的《公共图书馆服务发展指南》指出:"图书馆应当定期评估其推广和宣传工作,并确保评估的结果能够成为未来项目规划的参考依据。"相对于公共图书馆,高校图书馆阅读推广工作起步较晚,规模较小,总体水平也较低。就目前来看,高校图书馆阅读推广普遍存在工作水平参差不齐和工作机制不够完善两大问题,导致服务活动质量、效益较低。需要通过评估进行总结,以便转型升级提质。评价过程中要避免将大学生的自身原因归结为阅读推广主要问题或认为图书馆工作的不足是大学阅读问题中的次要原因,而是要基于图书馆和读者两个角度用实证方法来评估阅读推广工作。目前较为流行的阅读推广评价方法有图书馆服务质量评估体系,在具体开展评价时应坚持以下原则:

1.客观性原则

即评价要客观公正,结果要科学有效。

2.完备性原则

即评价指标要能覆盖活动各个方面,做到全面、细致。

3.定性与定量相结合原则

即评价要在分析大量原始数据的基础上,归纳活动相关本质属性。

4.可操作性原则

评价体系及指标要简明扼要、易于操作、短小精干。

(五)完善其他管理制度

有位读者曾提出,图书馆的管理得当决定读者的读书兴趣。所以在阅读推广过程中,图书馆还应不断健全、完善各项基本管理制度,不断加强对馆员、协管员与读者的管理与指导,为阅读提供良好的制度和文化环境。

三、优化阅读推广策略

(一)明确活动主题

活动主题是活动目标的表现形式,也是活动内容的外部形态,在确定主题过程中应坚持以下原则。

1.创新与亲民结合原则

主题应有创意,要富有大学文化时代特征,同时也要接地气贴切读者需求,使主题具有"亲和度"。例如,吉林大学图书馆创建的"白桦书声"校园朗读分享平台,将阅读推广与学生自我展示、校园会议、青春回忆相结合,引发了广大读者的共鸣。

2."舍大求小"原则

活动主题要密切联系目标与内容,要有针对性,短小精悍,如书法展明确针对有特殊才华的学生,可能会更容易引起相关读者群体的重视度和认可度。

3.逆向思维原则

最简单的创新就是逆向思考,如创新传统的"好书推荐"阅读推广,将图书馆给读者推荐转变为读者给图书馆推荐,还可以继续延伸让读者给父母推荐图书;更有甚者,如深圳职业技术学院图书馆将从未被借阅过的书挑选出来,以"谁都没有借过的书"为主题搞展览,激发读者的挑战欲望。

(二)合理确定活动内容

大多图书馆设定的阅读推广内容,还没有深入到对读者心理和读者收获的研究,也没有对活动自身运动规律进行研究,造成活动同质化现象严重。图书馆在制定方案过程中,应坚持以下原则。

1.继承与创新相结合

活动效果好的要发扬光大,同时在形式上也应不断创新,保持活动的连续性并形成品牌效益;活动效果不明显的应总结反思,通过改变内容和形式,提高活动效益。例如,"知识竞答"可以尝试电视娱乐节目"一站到底"的模式开展;"说书"比赛可尝试改为"说课"比赛,让同学们切身感受教师的辛苦。

2.深阅读与浅阅读相结合

新时期大学生阅读需求和层次迥异,阅读推广不能再拘泥于传统阅读和深阅读,应将新媒体阅读和浅阅读作为其延伸和补充,为读者提供特色服务,以满足他们的个性化需求。

3.读书与读图、"读媒"相结合

图像经典也是经典,读图也是一种享受,人在享受图片中增加智慧是一种高级智慧,同时"流媒体"的出现进一步实现了资源的全球共享,图书馆在阅读推广过程中也应注重培养学生"读媒"的技能。

4.专业性和趣味性相结合

当活动内容具有很强的专业性时,就需要在形式上活泼些,例如,开展以游戏闯关模式的专业知识竞答;设计易于识别的活动标志为活动形象代言;以养生、保健、自然科学充实传统专家讲座等。

四、开展个性化阅读推广

阅读推广的出发点和目的地均是读者阅读需求,只有深入了解读者的个性化阅读需求,才能使活动的组织有的放矢,从而达到事半功倍的效果。图书馆应该结合分级阅读理念,运用大数据、新媒体等技术,积极开展个性化阅读推广,满足读者多样化阅读需求。

(一)大数据与个性化阅读推广

业内外诸多实践证明,移动互联网与数据挖掘技术的融合发展必将成为打开读者真实阅读世界的一把"钥匙"。图书馆阅读推广大数据主要包括图书馆业务数据、文献数据和用户数据三大类,其中文献数据、阅读推广数据和用户数据是读者阅读情报,是个性化阅读推广的方向。

一方面,图书馆应该加强与图书管理软件开发商、数字资源供应商等校外机构合作,分析读者借阅、咨询、数据库利用和参与图书馆事业等大数据,掌握读者的阅读属性(包括阅读记录、兴趣、能力、需求、趋势等),开展个性阅读服务。例如,中山大学图书馆提取读者阅读属性,为每位读者量身定制精美的《借阅足迹卡》,记录其阅读记录和成果,受到了读者们的欢迎。

另一方面,图书馆应加强与教务处、学生处、团委等校内机构合作,分析读者办证、学籍、学习考试、社会活动、网上冲浪和家庭等信息大数据,掌握读者的自然属性(包括年龄、性别、爱好、专业、特长等),开展基于分级阅读理论的阅读推广和网络关联文献推荐服务等个性阅读推广。大数据不仅能掌握读者个性化阅读需求,还具有牢固阅读推广主体之间的关系和提升阅读推广效果评价说服力等功能,但正如国务院印发《促进大数据发展行动纲要》中明确提出:"要强化安全保障,提高管理水平,促进健康发展。"图书馆在使用读者大数据的过程中,要特别注重对读者隐私的保密工作,维护读者对图书馆最起码的信任,保证图书馆事业获得读者尊重和支持。

(二)新媒体与个性化阅读推广

新媒体阅读推广已不再是简单的阅读内容推广,读者的阅读需求具有社会性,他们渴望交流与互动,容易受到其他读者的影响。所以有人说:"无社交,不阅读""无传播,不阅读"。新媒体(如博客、微博、微信、百度官方贴吧、论坛/BBS、个人门户类网站)不仅可以拓展推广渠道、丰富推广资源、扩大推广范围,还可以增强潜在线上群体的黏合度、提升推广速度、降低推广费用,实现个性化阅读推广。新媒体发展至今,大多平台之间已经实现了内嵌和交叉功能的重叠,图书馆可以结合实际需要,着重将一种或几种新媒体全面渗透至阅读推广过程中,同步组织线上与线下活动,使两者相辅相成共同发展,全面满足读者个性化阅读需求。同时,还要善于利用新媒体的互动与转发功能,利用其强大的"生态圈",注重活动品牌的建立。

1.加强线上宣传活动

利用"微信订阅号"发起阅读推广活动项目投票,让读者参与决定活动的内容与形式,满足读者实际阅读需求;利用图书馆官方微博、微信平台,以文字、PPT、视频等形式发布活动公告,即时报道活动进展,提高活动互动性和趣味性;利用"微信公众号"向读者推送活动消息,并通过自主报名系统方便读者参与活动。

2.组织线上推广活动

利用社交网站建立阅读推广公共主页,聘请师生读者为管理员、版主通过论坛/BBS开展阅读讨论,增强活动互动性;利用微博结合社交网站,寻找校内具有共同阅读属性的读者,开展线上阅读推广活动,并在活动专题页面中添加网上购书链接,实现资源采购"还权于民",提高活动参与便利性;利用微博开展微书评、微话题等,以浅阅读引导深阅读,并引入积分体系激励读者参与活动。图书馆在组织线上活动的同时,还应该加强线下信息共享空间一站式服务,方便线上线下同步开展活动。

五、丰富宣传推广对象

图书馆在推广阅读过程中可以尝试导入企业识别系统,包括理念识别系统、行为识别系统和视觉识别系统,全面宣传推广图书馆、资源与服务,提高图书馆影响力,提高读者对阅读推广的认可度与支持度。

(一)宣传推广图书馆

宣传推广图书馆,目的是提升图书馆的知晓度,提高图书馆的入馆率和使用率。具体的 CIS 导入方式如下:

1.建立图书馆理念识别系统

一是阐明图书馆使命、宗旨、核心价值、服务理念、馆内文化等,使读者对图书馆形成正面的认识,提高对图书馆的认同感。二是喊出宣传口号,用最精练的语言提出标志性口号,表达图书馆的理念或核心价值,塑造良好的形象。三是公布规章制度,规范图书馆与读者之间的关系,建立和谐的阅读环境。四是宣传馆员,使馆员成为图书馆的明星片。例如,美国纽约皇后区图书馆在公交车体上印制一张面带微笑的女图书馆员的照片,宣传馆员的事迹,让读者深刻了解新时期图书馆员的精神面貌。

2.建立图书馆视觉识别系统

图书馆要想吸引读者,必须要改变传统的"阿姨看守书库"的形象,对图书馆进行全面的营销包装。例如,坚持"能用表格不用文字,能用图片不用表格"的原则包装静态引导性标识;巧妙设计图书馆 Logo,规范馆员行为举止和着装;通过媒体、网站、视频加强对图书馆的宣传;改变密集型排架,采用书店式平放陈列,甚至突破传统图书分类法体系,采用超市"尿布加啤酒"模式组织揭示资源;合理设置馆舍空间,营造舒适阅读环境。

(二)宣传推广服务

宣传推广服务,目的是提高读者对服务项目的了解,促进读者对服务的体验和对资源的利用。在阅读推广过程中可将 CIS 的 BI 演绎为服务识别(SI),通过营销宣传策略,消除读者脑海中"长长的书架密密麻麻陈列着死气沉沉的图书"烙印,清晰告诉读者图书馆是一个生长着的有机体,传统的文献借阅服务只是图书馆行业性服务标识。作为"第三空间"的图书馆,还能提供个性化情报咨询、讲座展览、休闲娱乐等服务,满足他们多样化的文化需求。在推广服务的过程中,关键在于构建图书馆自身的 BI,并采取各种措施予以宣传,最大程度上缩小图书馆与读者之间的距离.使图书馆成为人们最常驻的地方。在这方面,做得较好的成功案例有北京西城区图书馆的公益培训、杭州市图书馆的"第三公共空间"、铜陵学院图书馆的"铜文化"资源与服务等。

(三)宣传推广资源

宣传推广资源,目的在于提高读者对资源的熟悉度,促进资源的利用率。阅读推广过程中反映出文献保障不足等问题,部分原因是读者信息素养偏低和图书馆资源组织揭示程度不足所致。图书馆可以通过分类阅读推广客体,开展专项资源推广服务,方便读者利用资源,提高读者阅读热情。例如,高校图书馆可以针对某学科专业学生,采取"非均衡"资源采购模式增加相关图书采购复本,并提供低价复印"护理执业资格考试"类图书服务;以"方便利用"为理念,突破杜威分类法,将"专升本"类资源依据专业目录采用书店式平放陈列推荐。另外,图书馆还可以依据文献的构成要素即知识内容、信息符号、载体与记录方式,开展分类导航资源活动。但人们更喜欢读他们自己,因为越是熟悉的东西才越觉得有趣。研究也表明读者选择阅读的内容不会受馆员有意识的控制,所以在资源宣传推广过程中图书馆还需要进一步转变死板教化的"经典阅读"理念,从思考"什么是好书"转变为"读者想读什么书",有区别、分步骤地开展浅阅读与深阅读相结合、读书与读图、读物相结合、读纸质资源与读数字资源、读有声资源相结合的阅读推广活动,维护读者获取知识自由的权利。

(四)拓展网上阅读推广渠道

1.积极加强阅读推广网站建设

高校图书馆首先要在阅读推广网站设置统一的阅读推广栏目,开辟读者推荐专栏和互动交流区,开设经典阅读导读和读者网.上书评栏目,设立网络资源导航,开展知识挖掘、智能推送、个性化定制等特色服务;其次,要借助 Web 技术开展阅读推广活动,引入阅读 2.0 应用与读者互动、与豆瓣双向互检、能自动推荐图书给读者的 OPAC2.0,实现海量资源的一站式检索,让读者的阅读搜索更加便利,并充分应用发挥 RSS、博客、微博、维基、浏览器图书馆工具条等众多 Web 2.0 工具的互补功能,吸引大学生参与网上阅读,如剑桥大学图书馆网站将 Facebook、Blog、Titter 以及 RSS 进行混搭运用,上海交通大学图书馆将 RSS、Blog、Tag、IM、Toolbar 进行混搭运用。

2. 主动开展移动阅读推广服务当前随着

手机上网用户的不断增多,手机成为阅读的新终端,移动图书馆服务成为未来阅读新的增长点。因此,图书馆很有必要建设移动数字图书馆,开展移动阅读推广服务,方便读者在手机等移动终端设备上实现对书刊的查询、预约、续借以及全文文献信息的检索、查询。例如,新加坡的南洋理工大学图书馆就一直推行"口袋图书馆"理念,开展移动阅读服务网。同时,高校图书馆可通过举办手机阅读论坛、博客征文大赛、微博有奖征言等活动,进一步调动大学生的阅读热情。

六、丰富阅读推广活动内容

丰富阅读推广活动内容是推进高校图书馆阅读推广活动的核心内容。

(一)继承传统活动内容,合理设计活动周期

虽然众多学校都开展了内容与形式大同小异的活动,如读书会、书展、好书评论、图书推荐等,但这些活动由于年复一年地重复,形式陈旧,新意不足,读者参与积极性不高,故此,对于一些优秀的传统推广活动形式,如专家讲座、征文大赛等,还是应根据本校读者的需求和兴趣爱好,结合当期阅读推广活动主题,继续有选择地保留并不断更新发展,并且合理策划阅读推广的活动周期,针对不同专业学生,制订个性化的阅读推广计划,保证活动开展的针对性、稳定性和延续性。

(二)不断丰富活动主题,挖掘新型活动形式

丰富活动主题,挖掘出有创意的、促进图书馆与读者互动交流的、新型的阅读推广活动形式,是吸引读者广泛参与的根本。有的高校图书馆在这方面进行了很好的尝试,可供借鉴,如同济大学图书馆开展的立体阅读推广活动,浙江工商大学图书馆开展的读书趣味知识竞赛和"我看书,我表演"名著改编的"话剧大

赛"，潍坊学院图书馆开展的建立"我读书、我快乐、我推荐"阅读交流栏目，南京师范大学图书馆举办的真人图书馆活动，清华大学图书馆开展的"图书馆，我想对你说"有奖征言活动。此外，高校图书馆还可联合博物馆、美术馆开展视觉经典阅读活动，或者结合数字资源特点举办数字资源搜索大赛，以提高用户数字阅读能力。

七、优化数字阅读推广环境

(一)精心收集数字资源

图书馆不仅要在广泛听取专家意见的基础上选购精品商业性数字资源，还要利用自身特有的资源收集和加工优势，广泛收集校内教师优秀的课程教学资源，建立课程教学数字资源导航平台，为大学生提供网上学习的优秀教程，如加拿大 Athabasca 大学图书馆主页的 Digital Reading Room，提供经过筛选的图书馆以及其他数字资源中与学校特定课程相关的数字资源。

(二)指导利用数字资源

随着数字资源在图书馆所占比例越来越大，数字资源的阅读指导成为关键所在。高校图书馆应加强与院系合作，开设阅读指导课或文献资源检索课，讲授阅读信息获取、阅读工具使用、数据库检索方法、网上资源检索技巧等内容，通过系统化的课堂训练，充分提升学生的数字阅读能力。

(三)优化数字阅读空间

高校图书馆应为读者提供优良的数字阅读环境，吸引读者走进图书馆享受数字阅读，这是数字阅读推广的重要一步。如新加坡南洋理工大学建立了学习共享空间，配备了录音室、触屏影视墙、多屏显示器、电子报纸以及课件触屏阅读机等设施，弥补了传统纸质图书阅读模式的不足，满足了数字阅读需求网。又如上海交通大学、中国人民大学均建设了综合使用互联网、计算机软硬件和各种信息资源及服务的信息共享空间。

第四章

高校图书馆阅读推广的形式

第一节 讲 座

讲座是高校图书馆经常采用的活跃校园文化氛围,开阔学生思维及视野,激发智慧交流与碰撞的文化活动方式。图书馆开展文化讲坛处于优劣势并存的状态。现代图书馆往往建有宏阔壮美的演讲厅,非常适宜举办大型讲座。同时,作为校园文化中心,图书馆亦具备一定的平台优势,包括由平台而产生的人气凝聚力,与讲座相得益彰的文化氛围,与校园相关机构或社团合作关系的建立,以及能够成为校园才俊展现才华的平台。另外,图书馆亦能利用阅读学方面的专业优势作为讲坛主题突破口,相异于校园林林总总的各种讲坛,走出一条主题鲜明、一枝独秀的路子;也能够基于专业优势判断,发现和积累讲师力量。高校图书馆开展文化讲座的压力主要来源于两方面,一为经费及人力方面的局限;二为由多方力量,如院系、学科管理机构或学生社团等举办的讲座而形成的竞争压力。因此,高校图书馆举办文化讲坛需重点关注。

一、讲座的定义

《比丘尼传·宝贤尼》:"贤乃遣僧局费命到讲座,鸣木宣令诸尼不得辄复重受戒。"《朱子语类》卷七九:"(陆象山)于是日入道观,设讲座,说'皇极',令邦人聚听之。"《桂岩书院铭》:"桂岩种德,旧扁在此,讲座有铭,敢效遗轨。"所以,"讲座"本意是高僧说法或儒师讲学的座位。如今常作为一种教学形式,多利用报告会、广播、电视或刊物连载的方式进行,如中国经典文化阅读讲座。"讲座"有传播知识、交流思想、传承文化之效。高校图书馆讲座是高校图书馆利用人员、场地、设施和技术等条件,出于一定的目的,通过组织、策划,邀请主讲人,面向读者进行的一项常规性活动。组织、举办各种讲座,是高校图书馆阅读推广工作的一项重要方式。高校图书馆拥有丰富的教学资源,通过举办讲座,开设"第二课堂",可以很好地培养读者的阅读素养,提升读者的终身学习和继续教育的能力。

二、讲座的类型

(一)根据讲座的功效划分

1.用户培训课程

新生入馆教育、文献信息检索教学、数据库使用培训、Internet 免费学术资源的检索与利用和阅读工具使用辅导等,这类讲座既体现了高校图书馆教育读者职责,也是高校图书馆营造阅读氛围的有效手段。

2.文化交流讲座

这类讲座是图书馆的主要服务内容之一,历史悠久。早在 20 世纪五六十年代,沈雁冰、郭沫若、老舍、季羡林等文化名人就先后在图书馆举办讲座。这类讲座不同于一般的上课,对主讲人的文化素养和沟通能力要求很高,还要具有及时有效地应付读者提问的能力,因此主讲人一般是知名教授、社会名流等。如今高校图书馆在开展这类讲座中,邀请的主讲人不仅有专家学者,有时也有普通的读者,目的在于阅读技巧的分享和阅读体验的交流。

(二)根据讲座的形式

1.系列讲座

即在学期伊始或每月伊始就确定讲座内容、时间和地点,提前在图书馆网站上进行公布,供用户自由选择。

2.不定期讲座

即图书馆不定期讲座的举办,讲座往往结合当前读者关注的热点问题、热门活动、新资源或新技术举办。

3.预约讲座

即图书馆提供的以用户为导向的讲座方式,预约讲座将决定权交由读者用户掌握,讲座内容和时间均由用户来定制,能够更为细化培训对象,深化培训内容。

三、讲座的组织

(一)成立工作团队

相对于其他阅读推广活动而言,讲座涉及的内容广泛、形式多样,讲座的读者众多,会场的秩序与安全极为重要,另外还涉及前期主讲人的选择、讲座的宣传推广,期间的保障和视频拍摄、后期的资料整理、宣传与共享等工作。组织讲座活动,是一项大的系统工程,需要各方面人力、场地、设施设备等资源的密切配合,尤其是需要一个高效、分工明确的跨专业、跨部门团队。团队具体组织成员,涉及的部门主要有图书馆、院办公室、宣传部、学生处、教务处、团委、系部、保卫处等,涉及的专业人员有图书馆员、主讲教师、各类读者、艺术策划、宣传人员、保卫人员、后勤人员等。

(二)重视选题内容

为了满足不同读者的阅读和文化需求,高校图书馆讲座的选题需要内容广泛,但又不能分散、凌乱。针对活动的不同目标和功能,选题需要科学的整体规划。主题内容选择应坚持以下几个原则:

1.讲座内容要有宽度

内容要从中国优秀传统文化到国外经典艺术、从当下时政热点到世界政治和经济格局、从大学生心理健康到青少年道德修养和老年人保健养生等,力争做到每个读者有讲座,每个讲座有读者。

2.讲座内容要有纵深

针对不同文化水平的读者听众,讲座内容既要有科学知识普及类,又要有专深科学研究类,力求做到内容各具特色,讲座循序渐进、深入浅出。

3.讲座内容要有体系

针对不同类型的讲座,主题既要有相对独立性,又要具有一定的内在关联性。系列讲座中的每个分讲座主体要短小精干,要与其他分讲座紧密联系。独立讲座内容要清新简练,要包含大量有价值的信息。

(三)选择合适的主讲人

主讲人是一场讲座的灵魂,优秀的主讲人不仅具有极其重要的宣传推广作用,也是一场精彩讲座的前提保障。讲座内容的多样化决定了主讲人的多样化,一般高校图书馆阅读推广讲座主讲人主要有图书馆员、数据库培训员、专家学者、社会名流、学生代表等。图书馆员和数据库培训员是讲座的常客,专家学者和社会名流是提升讲座学术水平和文化底蕴的关键。另外,部分高校图书馆还邀请具有代表性的学生作为主讲人,可以使讲座更贴近日常的学习和生活,可以拉进主讲人与读者之间的距离。例如,很多高校图书馆以"告别母校"为讲座主题,由即将离校的毕业生为师弟师妹们传授大学生活和阅读经验。另外,武汉大学图书馆为了使读者更好地了解和使用图书馆资源,长期为读者提供"90分钟专题系列讲座",其中使用技巧篇讲座就是由熟练掌握图书馆资源使用技巧的学生代表担任主讲人。

(四)讲座时间与地点的选择

高等院校的工作时间与其他组织机构有相似之处,也有其自身特点,除正常的工作日外,还有集中性的寒暑假期。面向校内不同的师生读者或校内外不同的读者,讲座在时间和地点的选择上要有灵活性,尽量满足不同的读者在时间和地点上的需求。在面向校内师生读者开展活动时,既要考虑到大学生的课外时间和学校规定的教科研时间,又要考虑到教师周末不便来校参加讲座活动的因素。所以,可以考虑将面向学生读者的讲座放在周末或工作日的晚间,将面向教师的讲座集中放在学校规定的教科研时间或节假日外。面向校外读者的讲座,应该尽量与校内教学工作时间错开,可以充分利用节假日时间,也可以考虑利用学校下班时间段。另外,为了便于社会读者聆听,可以考虑将讲座的地点转移至社会公共场所和居民社区内。

(五)讲座的宣传与推广

随着计算机网络技术的不断发展,高校图书馆在宣传讲座过程中,不仅可以使用醒目的电视、报纸、横幅、海报等传统媒体和手段,还可以借助图书馆官方网站、微博微信、论坛、简易信息聚合(RSS)等网络新媒体平台和技术。为了解决读者与讲座时间和地点上的冲突,在讲座实施过程中,不仅要有合适的时间和场地,还可以通过新媒体进行网络直播与传递。例如,四川省图书馆与网易直播合作,对《首席小提琴演奏家教你如何听懂古典音乐》讲座进行了直播,获得了很好的广告宣传效益。在短短半个月左右的时间内,直播视频共有58000余次的播放量,随后图书馆又做了2场讲座直播,收视量更是分别达到了13万人次和17

万人次。讲座结束后,图书馆还应该指派专人负责收集整理讲座视频等资料,做好后期宣传和进一步的推广共享工作。

(六)多元文化活动形式结合

讲座是高校图书馆主体文化活动形式,但并不是唯一的文化活动形式。为满足读者的多元文化需求,高校图书馆需要围绕一定主题,举办展览、讲座、读书会等多元文化活动形式结合的系列文化活动,这样方能达到较理想的活动效果。讲座活动亦应如此,需要围绕整体文化活动主题,来确定讲座主题及相应主讲人,从多维视角来诠释、展现及深化活动主题。从当前高校图书馆的讲座活动实践来看,许多图书馆已开始有意识地多重活动并用,如上海交通大学图书馆在世博会举办期间,根据世博会主题"城市,让生活更美好"来确定与城市建设相关的主题讲座;同济大学图书馆根据实体展览,举办相关的主题讲座。

(七)讲座的衍生服务

对于高校图书馆而言,讲座内容可以成为图书馆资源的一个独特来源,并对其进行积累整理,为读者提供相应的增值服务。例如,在取得主讲人的许可后,将讲座过程录制成光盘,或是放在图书馆讲座网站上,或是制成专门的讲座视频数据库,或是集合成书,提供给读者使用,进一步扩大讲座内容的影响面。同时,也积累起独特的图书馆讲座资源。

(八)管理机制

管理直接决定活动成效。根据讲座工作牵涉的事项,如管理策划、公共关系、宣传设计、听众组织、讲师联系与接待讲座主持、会场管理(拍照、摄像、提问交流控制、纪念品赠送等)、档案管理(如讲座照片、视频。讲师题词、媒体报道)、网页更新维护、数据库制作、图书出版等,图书馆讲座既涉及馆内不同部门间的分工协作,也涉及馆外合作关系的建立与维护,必须建立有效的管理机制来保障讲座能够井然有序地开展。

美国西肯塔基大学图书馆主办的"国家系列讲座",通过讲座活动将图书馆与师生、社区及世界紧密相连。讲座名称为"那些遥远且名字听起来奇特的地方",自 2000 年开始举办,除寒暑假外每月举行一次。每期讲座邀请一位近期到过国外进行科研活动或学术交流活动的教授(单纯旅游除外),为社区居民和学生讲述他在那个国家从事的研究经历及成果,并简单介绍该国家的地理、历史、文化、民俗、经济等情况。有的讲座教授将研究成果写成专著出版,讲座就围绕该书进行,然后进行签名售书活动。

美国教授评审主要看三个方面:教学、科研和社会服务。此类讲座可作为教授社会服务成绩,所以即使没有讲座费,教授们也乐于成为主讲;图书馆偶尔也会给主讲教授赠送纪念品或 50 美元以内的现金以示感谢。图书馆深知宣传工作对于活动成功的重要性,所以采取多方位的活动宣传举措,如将讲座时间表刊登在相关网站上,批量印制明信片寄给师生和民众(印刷宣传资料费用从赞助单位募得),并通过博客和群发邮件预告每一次讲座。讲座地点设在城内一家最大的连锁书店,书店提供讲座场地及门票对号抽奖活动奖品。听众自愿参与讲座,但主讲教授可采用给学生加分的方式来奖励学生参加,同时会鼓励自己的朋友和同事参加。每期讲座都会举行抽奖活动,参与者进场后图书馆组织者让其填写关于姓名、联系方式、职业的表格,一方面作为抽奖之用,另一方面作为图书馆后续讲座宣传对象或者是募捐对象。每次讲座都有简单的讲义及有关国家的地图和书单。书单有两个,一个是由图书馆列出的,与讲座内容有关的图书馆藏书,以鼓励参加者到图书馆借阅;另一个是由书店提供的出售中的相关图书,这些书就直接陈列在讲座现场,便于促进图书销售。为扩大讲座的宣传效果,图书馆员在征得主讲教授书面同意的情况下把每次活动都拍摄下来,一方面存档,另一方面将精选照片放在网站上以扩大活动的影响;播客出现后,图书馆把讲座用数字录音机录下来,制成播客节目,用 RSS 技术通过图书馆的网站传播出去。"国家系列讲座"场场座无虚席,在增进学生和社区听众对于世界了解的同时,也提供了展现教授才华的平台,密切了图书馆与师生、社区的关系,提升了图书馆的社区影响度。

第二节 竞 赛

一、竞赛活动的类型

竞赛是在一定规则下,比较能力、技术高低的一种活动形式,在高校内也是常见的活动。比赛内容从教学创新、创业到业余生活,参赛对象从学生到教师、校内各行政人员,花样繁多,不胜枚举。

从阅读推广的角度来看,任何一种活动的目的都是培养参与者的阅读兴趣和阅读习惯,提高他们的阅读质量和阅读能力。因此竞赛虽然常常与其他活动形式结合开展,但活动的内容始终围绕阅读能力,使用的道具离不开书。

根据活动参与方式,竞赛活动可分为现场型竞赛和作品征集型竞赛两种。现场型竞赛是指参赛者在同一时间、同一场地内同时完成某项任务,并且当场比较得出结果的形式,如朗读比赛、演讲比赛、知识问答比赛等。

作品征集型竞赛是将某一主题或某一类型的创作作为比赛内容,读者不需要在现场创作,只需要在规定时间内提交比赛作品,由活动组织方组织评委评选后得出结果,如书评、诗文比赛等。

二、竞赛活动的特点

竞赛活动的特点体现在对读者有显著的激励作用和长效的影响力两个方面。

(一)显著的阅读激励

竞赛活动的激励主要体现在两个方面,一方面是为读者提供了展现个人才能的平台,名次、称号为读者提供了精神层面的满足感;另一方面,奖品等物质奖励在不同程度上对参赛者也有激励作用。总的说来,竞赛活动能对参赛者起到各方面的激励作用,能提高读者阅读的积极性和主动性;奖励方式的选择范围比较广,可操作性较强,在阅读推广中有着较广阔的拓展空间。

(二)活动时间长,影响力持久

一次竞赛活动从预热宣传、报名、预赛、决赛到成绩公布与推送,相关活动持续时间较长,在保障宣传的情况下,能在一定时间内获得人们的关注,形成一段时间的影响力。

三、关键实施因素

(一)成立组织委员会

为了保障竞赛的顺利举办,首先需要成立一个专门的活动组织委员会(组委会)。这个组委会下又需要根据不同职责设立对应的小组。组委会通常有四个职责:第一项是联络与组织,保障所有活动主办方、协办方和活动参与者之间消息传递通畅;第二项是制订竞赛流程、竞赛规则和竞赛内容;第三项是后勤保障;第四项是作为评委为选手和作品打分。不同的小组各司其职,才能顺利地完成整个活动。

(二)竞赛流程及规则设计

流程和规则是竞赛活动"比什么、怎么比"的重要说明。如果是现场型竞赛,在流程设计上需要尤其注重活动现场安排、设备准备、人员调控等问题;如果是作品征集型竞赛,在设计活动各流程时要关注作品提交方式、联络人设置等问题,保障整个活动各流程顺利衔接。

第三节　朗读活动

中国从古代开始,朗读就作为读书人的一种传统学习方式而存在,摇头晃脑吟诵的读书人形象在文学作品中很是常见。传承到现代,朗读已由学习方法转变为一种常见的阅读方法,也是图书馆阅读推广工作中经常采用的活动形式。许多图书馆和书店都推出过朗读活动,如哈尔滨果戈理书店的"朗读者计划"等。随着 2017 年上半年央视的《朗读者》节目大热,借助央视的平台及名人效应,这种传统的阅读方式又获得了爆发式的关注。

一、活动特点

(一)选用经典名著

从活动组织者的角度来说,经典名著的阅读是阅读推广活动的重要内容之一,对提高读者的道德修养和思想文化有着积极作用。对于高校图书馆来说,举办经典名著阅读活动,有利于促进大学生了解与传承中华优秀传统文化,是传承伟大民族精神的重要渠道。朗读活动中读者主动选择的朗读对象也通常都是脍炙人口的经典名著,这不仅是因为这些作品的遣词造句都是经过作者千锤百炼而出,符合汉语的特点,适合朗读,更是因为这些作品都传递着作者的理念与精神,能带给读者收获与感悟。

(二)低门槛的参与

朗读活动的基本要求是读者能使用普通话正确流畅地对照文本念出或背诵

出选段,对于参与活动的读者的阅读能力要求不高,参与门槛较低。对于阅读能力较低的群体(如儿童、残障人士)来说,也能参与活动,这有利于提高这些群体的阅读积极性。从这个角度来说,朗读活动有助于消除弱势群体的阅读障碍,促进图书馆资源与服务的公平利用。

(三)促进"深阅读",提升表达能力

要想完美地朗读一篇文章,仅仅熟读是不够的,朗读者还需要通读作品,通过揣摩文字背后的深意,在了解写作背景后试着去理解作者当时的心境与情感,探索作者的表达意图,并在此基础上,加上自己的理解与语气,才能更好地去朗读,更丰富地演绎该作品。整个过程都需要读者仔细反复地阅读,这有助于提高读者的阅读能力,读者朗读需要学习专业的说话方式,这将提高读者的表达水平;逐字逐句的理解是教会读者遣词造句的关键,最终的朗读也是读者再创作的成果,这些均会提高读者的表达与写作能力。

二、活动实施的关键

朗读效果主要体现在感染力上,听众对朗读者分享的内容能感同身受,朗读的作用就体现出来了。要提高感染力,除了提高朗读者本身的朗读能力外,环境氛围的影响也很重要。因此在组织朗读活动时,需要重点关注这两个部分。

(一)完善活动流程,提高朗读质量

参与朗读活动的读者大部分不是播音、主持专业出身,在发音、语调等方面必然有瑕疵。为了使活动达到更好的效果,策划时应在活动流程中加入筛选与培训环节。这样不但能帮助参与者提高阅读能力,而且有助于其了解语言魅力,提高艺术修养。

(二)丰富活动形式,营造环境氛围

在目前举办的各种朗读活动中不难发现,朗读已不仅是站在台上放声读那么简单。为了达到更好的表达效果,对听众产生更强烈的感染力,参与者通常会采用配乐、配舞等多种形式,或是制作播放配套的视频等,更像是一场文艺汇演。因此,活动组织者在策划活动时不需限制活动形式,活动地点也可以根据活动主题灵活调整。进行活动准备时,对灯光音响、服装道具、现场协调等问题都需要仔细设计,妥当安排。

第四节 读 书 会

一、读书会的定义

《礼记·学记》曰:"独学而无友,则孤陋而寡闻。"阅读既是个人的独立行为,同样也需要与人互动交流,而读书会就是读者互通交流的平台和有效途径。卡兰德曾以瑞典的读书会为例,指出读书会是一种特殊形式的小团体研读,参与者通过互相讨论彼此帮助,目的是理解和相互启发;虽然有阅读计划和研读素材,但并没有固定的知识或材料,也没有特定的目标,自愿参与,聚会时间和地点以参与者方便为原则。近年来,读书会以其简单自由、平等互助、形式多样、渗透力强等特点,已经成为推进全民阅读的主要模式。例如,在瑞典全国各地几乎每个乡村都有学习圈,学习圈已成为瑞典人的一种生活方式;在美国,据统计约有四分之一的图书馆读者参与了他们各自所属的读书会。在中国,自古就有以文会友的美好传统,如今组织、引导、支持读书会活动也已经成为高校图书馆阅读推广的重要手段之一。

二、读书会的模式与类型

随着社会阅读风气的兴起,如今读书会有了进一步的发展,读书会的运作模式和工作类型也是多种多样各具特色。在世界范围内,读书会主要有以下九种类型:单主题读书会、多主题读书会、互流通读书会、图书漂流读书会、图书馆读书会、在线网络读书会、作者读书会、广播读书会和书店读书会。按承办方划分,主要有公共图书馆组建的读书会、高校图书馆组建的读书会、民间自发组建的读书会,同时可以按活动目标、需要、主题、年龄、性别、区域、是否收费等角度进行分类。总体来说,高校内的读书会模式相对较为单一,类型也较少。据统计,中国大陆及港台地区大学校园内的读书会主要有学生自发组建、学校图书馆牵头组建和学校教学管理部门牵头组建三种类型,也有少数校外读书爱好者利用高校图书馆资源和平台组织的读书会,如新乡学院图书馆晨光读书会就是依托新乡学院图书馆,由新乡市内一批高层次阅读爱好者组成的书友会。

大陆地区高校图书馆读书会主要有两类模式:一类是图书馆发起成立并自

行运作的读书会,如重庆大学图书馆创立的"书香重大"读书会,华中师范大学图书馆创办的"风雅读书会",天津财经大学图书馆创立的"思扬读书会"等。另一类是学生自发成立和自主管理的读书会社团,在章程中明确图书馆作为指导单位或主管单位,如合肥工业大学"春风读书会"、华东政法大学读书会等。高校图书馆读书会活动的组织者主要涉及三种情况:一是高校图书馆成立的读书会组织,并由该组织举办读书会活动;二是高校图书馆通过指导类似于读者协会等学生社团举办的读书会活动;三是高校图书馆工作人员自发组织的读书会活动。相对于国外和港台地区,目前国内大多高校图书馆还是以自己独立组建读书会的模式来开展阅读推广活动。

康奈尔大学的曼恩图书馆与学校农业与生命科学院、人类生态学院合作,推出的"书林漫谈"即读书会的一种。活动每学期举办 2 至 3 次,通过邀请学校近期出版了新书的作者(无论出名与否)来馆与读者交流研究方法、写作体验以及新书诞生前后的有趣故事,将作者、图书与读者有机地联系在一起,同时达到了宣传本校新出版图书的目的。为增强活动的效果,该馆将读书会面向社会开放,并在征得作者同意的情况下,录制读书会现场的视音频资料,放在图书馆网站供读者使用。

布法罗大学图书馆的人文艺术团队认识到读书会是一种有效地延伸、推广与推进合作的举措,所以做了周详的考虑和大量详细的前期工作来筹备读书会,包括确定讨论主题、图书及讨论引导人等相关细节问题。该团队春季学期举办了四期读书会。学期结束对读书会活动评估时发现,虽然活动参与者的反馈非常好,并希望读书会持续举办,但平均每期读书会参与成员仅有 7 人,而该团队开展一期读书会活动在主题确定、书籍挑选、推广材料制作、设施安排方面需要耗费大量的精力,投入与成效非常不匹配。因此,该团队决定一学期举办一次读书会,且优先考虑与院系联合举办的形式。吸取春季学期举办读书会的经验教训,该团队在当年秋季学期与英语系联合筹备举办了"阅读 J. M. Coetzee"的读书活动。由于联合式举办,活动得到院系的大力支持,师生及社区成员的高度参与,成效喜人。

中国的常熟理工学院图书馆以联合组建读者协会的形式开展系列读书活动,大大拓展了读书会的活动形式。该馆在学校团委的合作支持下,组建了读者协会,开展的主体活动有:①新书点评与导读,组织协会成员撰写重点、热点、新书概要发布在校园网站上，向读者宣传推介新书；②组织读书沙龙，每半个月或一个月举办一次，邀请教师嘉宾就通过调研得出的学生关注度较高的文化热点问题展开讨论与对话；③在学校广播站设置"三味书屋"广播栏目，由协会成员就"美文鉴赏""新书推荐""作家评论"三个版块组稿，每周播放一期；④每学期举办书评、影评及征文活动1至2次，如配合学校团委开展"读一本好书，看一部好电影"活动，图书馆推出50本经典读物、播放30部经典影片后，组织读者撰写评论，并组织评奖及交流，其中的一篇影评获得了江苏省二等奖；⑤讲座与参观；⑥组织协会成员创办《子衿》会刊。该馆依托读者协会开展了读书活动，不仅使作为协会成员的学生的综合能力得到了有效锻炼与提升，而且大大丰富了校园文化生活。

三、读书会的作用与意义

(一)有利于阅读推广实施与普及

组织读书会活动不仅是图书馆的阅读推广活动之一，而且读书会组织还是服务图书馆阅读推广活动的有力助手。读书会活动质量的高低不仅对读书会的生存发展有着直接的影响，还影响着其他形式的阅读推广活动效益。所以切实有效地组织读书会并开展读书会活动，既有利于高校图书馆阅读推广工作，也可以弥补图书馆组织的短期或长期阅读推广活动的不足，使读书会成为图书馆阅读推广工作的"常设机构"和阅读推广工作的"常设活动"。

(二)有利于拓展读者阅读的深度和广度

读书会的性质决定了会员在活动中能否有效开展深入的、互动的、积极的、平等的交流，这种交流有利于读者在快节奏的学习生活中精心品味积极健康的读物，有利于读者不断培养阅读兴趣，不断拓展阅读涉及面，从而摒弃过多的碎片化阅读、浅阅读和功利阅读。

(三)有利于提升图书馆及资源的利用率

图书馆在拥有充足资源、专业场地、优越环境和阅读氛围的情况下，是大多读书会活动的最佳场所；周期性的大规模读书会活动，也有利于提高图书馆的资源利用率。例如，读书会活动需要必备的、拓展的、延伸的图书及相关文献资源，这些资源会随着读书会活动，不断进入会员读者的视野，甚至一些长期未被利用的资源也会随着读书会的活动被不断挖掘和利用。

(四)有利于图书馆整体服务水平的提升

读书会开展的活动,除了阅读分享交流等沙龙性质的活动外,还经常以读书会为依托,以读书会常规活动为基础,延伸开展书评、讲座、影视欣赏、朗诵、征文、书目推荐等活动,这些活动无疑会促进图书借阅、资源建设、参考咨询、信息素养培训等图书馆其他业务工作的开展,从而促进图书馆整体工作水平的提升。

(五)有利于提升会员综合素质

读书会的常规读书分享和交流活动流程一般包括开场、分析、讨论和总结,在此过程中,不仅对主持人综合素质要求高,而且对普通会员的语言表达能力、思考分析能力、临场应变能力、人际沟通能力等综合素质也有较高的要求。所以,经常组织参加读书活动的会员读者,不仅其阅读素养和文化素质方面会有极大的提升,而且其综合素质也会有所增强。

(六)有利于提高教学质量

专业性强的读书会,其活动对会员读者的专业学术水平提升作用是显而易见的。即使是非专业类读书会,其活动也会有效促进读者的阅读和思考,对读者的学习观念、学习态度和学习效果有一定程度的推进,如台湾地区高校推广读书会的初衷之一就是提升教学质量,实现"教学卓越"。

(七)有利于校园文化建设

读书会活动本身就是阅读群体性活动,读书会活动有利于促进学习群的形成、发展和壮大。大量积极健康的读书会汇聚在图书馆和校园内,能营造出浓郁的校园阅读氛围,而积极向上的校园阅读氛围则是校园文化建设的重要内容和基础条件。

一个良性运作且持续发展的读书会,对于图书馆的内涵发展及文化影响力具有重要的意义。从上述实践来看,读书会是否能可持续及有效运转,取决于图书馆是否具备三种能力:第一,是否具备维护优良和较为稳定的阅读讨论引导者群体的能力;第二,是否具备发展壮大读书会参与者的有力机制;第三,是否拥有合适的场所、设施,经费及人员来支持读书会的运行。由于维持读书会需要良好的公共关系及人才、物力的支撑,而这些因素对许多高校图书馆构成了障碍,故高校图书馆在开展读书会活动时需采用有效的策略:①不同规模的读书会以合适的周期频率交替举行,在兼顾相对较为小众的阅读交流需求的同时,满足读者普遍广泛的、较为大众的阅读交流需求。这样一方面能够保证读书会持续良性地开展,另一方面可以使读书会整体的发展呈现出有特色有内涵、有高潮、有效果的较为理想的状态;②拓展图书馆公共关系,与举办读书会涉及的各方支持力量建立合作,如与有相同兴趣的院系合作开展读书会,以取得较为充足的阅读交流领域及参与学生的支持;发现擅长做阅读交流领域,且对读书活动具有热情的教师,与之建立较为稳定的长期合作关系;与相关学生社团合作,以取得读书爱好者的支持,使读书会真正起到激发读书热情、产生智慧、全方位解读增进深度理解的作用;与具有丰富作者源的出版社合作举办读书会,增加作者与读者见面交流的机会;与其他机构合作,如出版商、数据库商或网站,在宣传合作机构的同时,缓解活动经费困难的问题,并最终达到推进读书、增进知识的目的。

四、读书会的组织

(一)明确定位,提高会员自读率

自由、平等等特征,既是读书会组织吸引读者的优势,也是读书会组织稳定性不足的劣势。高校图书馆需要通过规范读书会组织规章制度,明确组织目标、组织方式、活动宗旨,才能有效缓解这一问题。其中以明确组织目标最为关键,图书馆要准确定位读书会及其活动的宗旨,在会员加入组织之初对其进行必要的入会教育,既要强调组织的自由性和平等性,也要强调组织活动的参与性和互动性等特点。在组织活动过程中,为了提高全体会员的自读率,要避免长期开展单一的阅读分享、专家讲座等阅读传授性活动,避免活动失去阅读交流与促进的功能。

(二)加强管理,提高读书会影响力

相对小众和分散,也是读书会组织的特点之一,但容易造成组织持续性弱,组织活动频次低覆盖范围小等问题。高校图书馆应该通过独立创办和积极引导两种途径,增加校园内读书会组织和成员的数量,使读书会组织既小又多,既专又散,使每个读书会都有其自身特色和内涵。通过大量短小精悍的读书会,开展连续不断的形式多样的读书活动,提高读书会组织的影响力和阅读推广活动的认知度、参与度和支持度。另外,相对于其他传统的阅读推广活动,目前图书馆组织读书会活动还是比较前卫新鲜的,读者们对图书馆组织支持的读书会的了

解相对不足,对读书会活动的形式和内容认识也不够真切。这些问题需要高校图书馆通过传统的宣传手段和方式结合读者们喜欢的新媒体,以营销等企业管理理念,加强对读书会及其活动的宣传和推广。

(三)持续扶持,引导交流与合作

总结国外和港台地区读书会的工作经验发现,读书会活动的有效开展,需要一定的资金、资源、场地和设施设备等基础条件。台湾地区高校读书会发展势头迅猛,活动影响深远,探究原因发现,既有台湾地区教育主管部门出台的"奖励大学教学卓越计划"的支持,又有各高校和图书馆制定的读书会推广要点、实施办法或细则等完善的政策引导,使读书会活动不仅具有合理的顶层设计,而且拥有进一步发展的资源支持。另外,读书会组织的成长和发展除了需要高校图书馆持续的引导和支持,更需要图书馆以外高校其他行政部门的帮助和关心。需要图书馆为其搭建合作交流平台,以便与校内外其他的读书组织、相关行业协会、文化传媒机构、图书发行机构等进行合作,这样才能获得更多的支持和汲取更多的工作经验,才能使读书会组织和活动更加茁壮成长。

第五节 图书漂流活动

一、图书漂流简介

(一)图书漂流的起源

图书漂流,是一段文明美丽的奇妙旅程,它起源于 20 世纪六七十年代的欧洲,读书人将自己读完又不再阅读的图书贴上标签(一般为黄色)随意放在公共场所,如公园的长凳上,遇到这本书的人可取走阅读,读完后(可能会附上阅读故事、心得等信息)再将其放回公共场所,让下一位爱书人阅读,继续一段漂流书香。没有借书证,不需付押金,也没有借阅期限。这种好书共享方式,让"知识因传播而美丽"。如今越来越多富有想象力的书友在投漂图书时,在投漂说明中设定了自己的漂流规则,使图书的漂流过程变得更加丰富多彩,图书漂流的方式已不再局限于投放户外一种。例如,有一位书友在过生日时朋友送了他一本书,阅读之后,他产生了一个想法,就是让这本书在每个恰逢要过生日的书友中传阅。

这本书不再直接投放到公共场所,而是通过传递的方式在恰当的时间传递到恰好要过生日的书友手中。

(二)图书漂流的发展

随着互联网的普及,图书漂流活动变得更有效率、更加普及。美国人罗恩·霍恩贝克受一个网站的启发,为了让那些尘封的图书再次进入社会,在其妻子和两位志同道合的朋友协助下,成功创设了"图书漂流网站",网站的标志就是一本奔跑的书,理念是"爱它,就释放它",非常朴素隽永。网站自问世以来,深受世界各地热爱读书人的欢迎,如今网站注册会员已经遍布世界。图书漂流的"分享、信任、传播"宗旨与"每个人都有阅读的权利,社会有责任保证每个人都有机会享有阅读的利益""让世界上每一个角落的每一个人都能读到书"等图书馆精神和核心价值观完全吻合,使其在国际图书馆界、出版界、教育界等领域深受推崇。我国图书漂流活动始于 2004 年初,春风文艺出版社在国内组织策划了全国首个图书漂流大型公益性活动,2004 年 3 月,深圳有位记者第一次尝试了图书漂流活动;2004 年 5 月,在南开大学校园内发生了第一个由大学生实施的图书漂流案例;2006 年 5 月,吉林大学图书馆率先在高校图书馆组织开展图书漂流活动。如今全国各地图书馆、出版社、新华书店、社区、个人等纷纷开始组织图书漂流活动,其中拥有丰富资源和独特优势的高校图书馆更是积极将图书漂流活动作为阅读推广工作的重要形式之一。

二、图书漂流注意事项

图书漂流来自国外,作为"舶来品",在高等校园内才刚刚兴起不久,高校图书馆首先应该厘清以下三个问题,才能有效开展活动,实现活动目标。

(一)图书漂流的性质问题

图书馆开展的图书漂流活动,既不同于传统的借阅工作,也不是好书推荐活动。它是一种具有独特宗旨、目标和方式的阅读推广活动,具有"乌托邦"式的既新鲜又神秘的阅读体验交流。图书馆应该摒弃传统的读者服务理念的影响,在具体的活动过程中要注意以下三个环节。一是在漂流物的选择上,既要善于选择读者喜欢的、流动性强的、积极向上的图书、期刊、光盘等资源,也要关注读者的漂流喜好,并注重发挥读者在漂流书选择过程中主体作用。二是在漂流形式的选择上,既要积极采用更自由、更时尚、更浪漫、更有趣的方式开展活动,也要确保活动和漂流物处于有效控制范围内,避免活动处于无组织、无秩序的状态。三是在漂流目标的定位上,既要保证活动推广阅读的效益和活动持漂率,也要注意对参与活动读者的文明诚信教育和活动回漂率。

(二)图书漂流的管理问题

国内外的实际经验表明,图书漂流活动的开展最令人担忧的就是"断漂"问题。如何有效地缓解这一问题,将是图书漂流活动健康成长的关键。问题具体涉及活动管理中的两个概念,即持漂率和回漂率。有调研发现,制定严格的活动规章制度并采取积极有效的管理措施会使图书显著提升回漂率,但很可能影响制约活动的持漂率和漂流路线长度。相对来说,图书漂流还是一个新鲜事物,当漂流物资源相对紧张的情况下,考虑回漂率在所难免,但过分强调回漂流,可能会导致活动的本质和宗旨发生变化,即使是在图书漂流比较盛行和繁荣的欧美国家,图书的持漂率也只有20％～25％,所以就目前社会阅读大环境下,在开展图书漂流活动过程中,高校图书馆应该采取适度的疏导和管理政策,尽可能提高持漂率和漂流路线长度。同时,图书馆既要积极拓展活动漂流图书资源来源渠道,提高活动资源的供给量,从侧面缓解回漂率低的问题,也要加强与相关部门的合作,增强读者共享意识和诚信教育,从正面缓解断漂的问题。

(三)图书漂流的范围问题

基于图书漂流活动的组织难度、资源紧张、有效管理等问题,高校图书馆开展的图书漂流活动大多只是面向校内读者。从实际活动来看,即使回漂率达到80％以上的高校图书馆,其实际效果也并不算理想。究其原因,图书漂流的阅读推广效果和持漂率及漂流路线长度关系最密切。高校图书馆的社会化服务已经逐渐展开,活动图书也应该更多地漂向社会惠及大众,只有这样持漂率和漂流路线才能有更多提升的空间。同时,随着漂流范围和方向的拓展与延伸,活动的宣传效果、参与度和总体效益也将逐渐增强。另外,积极邀请社会读者加入图书漂流活动,不仅有利于全民阅读推广工作的进一步开展,而且有助于漂流图书来源渠道和数量的增长,校内读者与校外读者之间交流的广度和深度也会增强。

三、图书漂流的组织

(一)转变工作理念

近年来,如何充分利用馆藏资源特别是纸质类资源,遏制资源使用率下降的趋势,已经成为高校图书馆亟待解决的重大问题。图书漂流这类新颖的阅读推广活动,可能是解决问题的突破口之一。图书馆首先要树立开展图书漂流的理念,同时要转变"重藏轻用""爱不释手"的传统观念。为了扩大漂流图书的数量和来源渠道,不仅要大力鼓励广大读者积极捐书,而且要积极将馆藏好书漂出去,同时,在年度预算中,还可以单独设置每年用于漂流的资源经费项目。在工作初期,思想观念的转变尤为重要,务必避免对捐赠图书进行"精心"挑选以充实馆藏而将其余图书用于漂流的现象发生;同时也要避免将那些几乎全无利用价值的馆藏资源填充进漂流书架和站点。要做到将好书漂向读者,让书香沁人心脾,旨在发挥资源利用价值,促进读者阅读及共享。

(二)转变角色定位

高校图书馆要及时转变活动角色,具体负责活动的统筹工作,包括活动规则的制定、活动资源的筹集、资金政策的争取、校内外相关部门的合作等。活动的具体实施,应该坚持"以读者为主导、图书馆协助"的原则,以半自由状态为活动运行模式,让读者自己成为图书漂流的践行者。图书馆和读者双方应分工明确,团结协助,充分发挥各自在活动中的优势,提升活动效果。在活动开展之前,要在原有的读者协会等学生社团组织的基础上,成立新的图书漂流读者工作委员会之类的组织,专门负责开展图书漂流活动。只有充分调动读者的参与积极性,才能提高漂流图书的质量和持漂率。例如,由华东理工大学图书馆开展的图书漂流活动,就是由图书馆主办,由校学代会自管会承办,活动现场吸引了众多同学以及部分老师的参与,短短一小时400多本图书就被"一抢而空",活动中图书的漂流路线也很顺畅、长远。

(三)加强活动宣传

任何推广阅读活动的组织和实施,都需要积极有效开展全程性的宣传工作。相对新潮的图书漂流活动,更需要开展大量的宣传工作才能有效实施和进一步发展。宣传活动的内容,不仅包括活动的内容、规章和意义,还要包括对参与者的诚信教育。宣传活动的方式,不仅包括传统的宣传渠道,还要注重新媒体的应用和图书漂流网站、实体漂流站点的建立。宣传活动的对象,不仅要在校内广泛开展,还要有针对性的面向校外读者。宣传活动的时间,不仅要做前期宣传,还要做到过程性宣传和总结性宣传。宣传活动的模式,不仅要开展单一的宣传活动,还要结合评选图书漂流榜、读者发漂榜、阅读漂流图书心得体会交流等开展鼓励性立体化的宣传活动。正所谓细节决定成败,在加强活动宣传工作的基础上,还要注重活动经验的总结,不断提高活动细节处理水平。活动不仅要做到漂流图书可读性强,而且还要通过精心包装设计漂流图书的封面和标签内容,打造"明星"漂流图书。

(四)加强合作交流

漂流图书的质量很大程度上决定了图书漂流效果,图书漂流活动效果则反映于图书的持漂率。虽然几乎所有的社会组织和个人都认为在当今功利阅读、浅阅读盛行的浮躁阅读环境下,图书漂流作为一股清流,对促进全民阅读、资源共享和社会公德有积极的作用,但他们中的大多数目前仍处在观望状态,甚至冷眼相对。高校图书馆在开展活动过程中,要加强与外界的联系和合作,以便取得更多的关注和支持。首先,加强与出版发行机构的合作,以便获取更多有价值的图书资源用于漂流。其次,加强与学工部、宣传部、团委等校内部门的合作,以便提高活动宣传效果和读者的参与积极性。再次,加强与其他高校图书馆的联系,通过区域内高校图书馆之间合作组织实施图书漂流活动,以便提高图书的持漂率和漂流路线的长度。最后,加强与社会之间的合作,通过取得社会组织机构的支持与合作,以提高活动影响力和影响范围,建立校内图书漂向社会与社会图书漂进校园的双向机制。

第五章

高校图书馆阅读推广的组织架构方法

阅读推广已成为高校图书馆的重要工作。相应地,高校图书馆亦需要采取有效的组织管理机制来推进此项工作的开展。高校图书馆的传统组织结构通常设置有采编部门、流通借阅部门(或称读者服务部门)、信息技术系统支持部门、参考咨询与情报部门、行政与后勤部门,以支撑图书馆的运营。在如今转型变革及建设全民阅读社会的时代,有许多高校图书馆对传统组织结构框架下的岗位设置及职责进行了调整,也有为数不少的高校图书馆对组织结构进行革新,以适应变化的形势及需求。本讲综合问卷调查与网站调查的结果,借鉴组织管理学理论,对阅读推广的组织管理结构设计方法展开讨论与研究。

第一节　组织结构调研

为揭示高校图书馆为开展阅读推广工作而采用的组织架构模式,本节对高校图书馆展开了问卷调查及网站调研。在展示调查结果的基础上,总结分析了当前高校图书馆为开展阅读推广工作主要采用的组织结构模式。

一、问卷调查数据

根据问卷调查的结果,55.93％的高校图书馆采取了调整组织结构的方式,将阅读推广规定为传统的读者服务部门或借阅部门的岗位职责;46.33％的高校图书馆通过设置专项工作组的方式来开展阅读推广工作;27.12％的高校图书馆在组织革新过程中新成立了与阅读推广相关的工作部门或小组。具体数据见图 5-1。

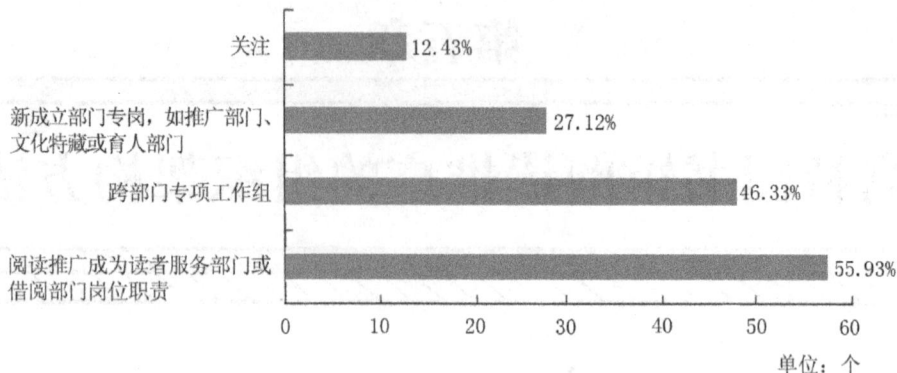

关注 12.43%

新成立部门专岗,如推广部门、
文化特藏或育人部门 27.12%

跨部门专项工作组 46.33%

阅读推广成为读者服务部门或
借阅部门岗位职责 55.93%

单位:个

图 5-1　高校图书馆阅读推广组织方式

二、网站调查结果举要

为进一步考察各馆的具体做法,对中国教育部、财政部、国家发展改革委联合发布的 42 所世界一流大学的高校图书馆,以及部分较有特色的阅读推广组织的图书馆网站的结构设置进行了调查,主要列举如下:

北京大学图书馆在新的形势下对组织结构进行了革新,设置了 6 个业务部门,分别为:资源建设中心、学习支持中心、研究支持中心、古籍图书馆、特色资源中心、信息化与数字中心;以及 1 个职能部门:综合管理与协作中心。其中,学习支持中心是负责支持教学、研讨、社交与学习的多功能服务中心。阅读推广相关服务也列为该中心职责范围:针对学生的学习和生活流程,提供形式多样的人文服务,如迎新、毕业系列活动;读书讲座、大雅讲堂以及针对特定对象的交流活动等,同时负责微信、微博等社交媒体的运营维护与发布等。

南开大学图书馆设有 10 个业务部门,包括:文化建设与推广部、资源建设部、读者服务部、多媒体服务部、古籍部、信息咨询部、学科服务部、网络技术部、办公室、后勤保卫部。文化建设与推广部的职责为:图书馆文化环境建设;策划与组织阅读推广、文化推广、服务推广等工作;开展图书馆文化阵地活动,发挥"服务育人"职能,组织策划专题文献展示活动、导读活动等;策划与开展形式多样的人文素质服务活动,包括迎新、毕业、读书节、服务月等系列活动;组织开展主题读者活动,如读书讲座、读者沙龙、讲座讲堂以及针对特定对象的交流活动等;社交媒体宣传,微信、微博等社交媒体的运营维护与发布等。

天津大学图书馆设有 8 个部门,分别为:特藏和素质教育组、资源建设部、

2个校区的读者服务部、信息部、系统部、情报服务与研究中心、综合办公室。其中,特藏和素质教育组负责特藏图书的管理,利用"日新书斋""一得轩"开展大学生素质教育工作。特藏与素质教育组以"阅读推广"为核心创建了"知学"品牌系列活动,形成了以举办综合展览、主题图书推介、读书交流活动、文化知识竞赛等活动为主要载体的特色服务模式。

哈尔滨工业大学图书馆设有阅读推广部、读者服务部、采编部、信息咨询部、技术部、建筑分馆、办公室等一级部门。阅读推广部除了负责图书馆中外文样本阅览室的管理、外借服务以及研究间的管理工作,中外文报刊的管理工作,信息共享空间的管理工作外,还负责读者活动的策划宣传和组织、展览工作、图书推荐工作、微信平台的管理工作和志愿者的管理工作。

上海交通大学图书馆进行组织革新之后,再次进行了组织结构改革,设置了6个部门,分别为:资源与公共服务部、学习与研究支持部、文化与特藏服务部、平台与技术支撑部、后勤保障与文影部、行政管理与合作部。其中,文化与特藏服务部承担阅读推广工作,其职责范围包括:重点围绕校园文化建设,在培育大学精神、科学精神方面发挥作用,积极配合学校,为提升人才的综合素质做出贡献;发展特藏资源建设和特藏服务。人文拓展方面的主要功能为:借助各种媒体、技术与工具,依托讲坛、展览、社会实践等多种载体,开展有效的阅读与文化推广,打造优秀的文化育人品牌。

华东师范大学图书馆设有8个部门,包括:文化推广部、古籍特藏部、闵行/中北学习支持部、研究支持部、文献资源建设部、数字化建设部、平台与技术支持部、综合管理办公室。文化推广部主要负责图书馆两校区的阅读推广、文化推广相关工作,包括主题书展、文化展览、学术讲座、影视沙龙、新媒体推广、读者意见调查、文宣及礼品设计等工作。

同济大学图书馆的组织结构包括:文献保障与共享中心、创新体验与学习支持中心、情报服务与研究支持中心、文化传承与创新交流中心、后勤保障。其中,文化传承与创新交流中心下设宣传推广部、特藏部、德文图书馆、博物馆4个部门,承担着阅读推广工作职责。宣传推广部负责各类主题书展、文化展览、讲座报告、影视沙龙等文化活动的策划与实施;读者服务月活动的策划与组织实施;各类阅读推广与文化推广活动信息的新媒体发布;网上"立体阅读"等信息更新与维护。特藏部承担着该馆与该校党委宣传部合作建设的中华传统文化传承的基地——闻学堂的运营工作,通过"闻学讲堂""闻学展堂""闻学知行堂""闻学课堂""闻学雅集堂"等形式,展示及推广中华传统文化。

武汉大学图书馆阅读推广工作由咨询与宣传推广部负责。该馆组织结构分为3层,总馆下设8个部门,包括党政办公室、总务办公室、资源建设中心、文献借阅中心、信息服务中心、工学分馆、信息科学分馆、医学分馆。信息服务中心下设咨询与宣传推广部、学科服务部、系统部。咨询与宣传推广部的职责为:组织新书展览和宣传导读工作;负责教学与培训组织工作;负责图书馆主页制作与更新;组织开展读者宣传推广活动。

中山大学图书馆阅读推广工作由阅读推广组负责。该馆组织结构分为4级,馆长下设10个部门,包括:公共服务部、资源建设部、特藏部、技术办公室、业务办公室、行政办公室、北校馆、东校馆、珠海馆、深圳馆。阅读推广组设于公共服务部之下。

重庆大学图书馆阅读推广工作由文化育人中心负责。该馆设立有办公室、资源建设部、网络服务部、馆际合作部、理工图书馆、建筑图书馆、虎溪图书馆、特藏部、文化育人中心、学术评价与分析研究中心等10个部门。其中,文化育人中心负责阅读推广的组织管理、机构建设、推广活动等。

郑州大学图书馆阅读推广工作由读者活动推广办公室负责。该馆设1个行政管理科级机构即综合办公室,4个学术管理科技机构,分别为:科研与学科建设办公室、信息素养教育办公室、读者活动推广办公室、资产与安全保障办公室,以及8个业务部室,即采编部、古籍与特藏部、系统部等部门。读者活动推广办公室负责策划、组织及实施读者活动,持续开展阅读推广创新活动,打造品牌;图书馆信息共享空间的管理与服务。

清华大学图书馆阅读推广工作由读者服务部负责。该馆设综合办公室、资源建设部、编目部、读者服务部、信息参考部、信息技术部、特藏部、古籍部/科古所、专业图书馆等9个部门。其中,读者服务部除了负责中外文开架和闭架图书的流通服务、空间服务、咨询服务等之外,还负责开展阅读推广工作、开展读者相关的宣传工作。

复旦大学图书馆阅读推广工作由基础服务部负责。该馆组织结构为4级结构:馆领导之下设对外服务部门、教学与研究部、内部工作部门;对外服务部门之下设基础服务部、参考咨询部、古籍部、特藏与数字化部;基础服务部下设有文科馆、理科馆、医科馆、江湾馆、张江馆。基础服务部的工作职责之一为负责全馆公共关系与宣传推广工作。

湖南大学图书馆阅读推广工作由读者服务中心负责。该馆设立文献采访部、资源加工部、数字建设部、读者服务部、文献评价与学科服务中心等5个职能部门或分馆。其中读者服务中心定期开展读者调查,指导学生读者协会工作;协助组织开展全民阅读与服务宣传活动列为工作职责。

云南大学图书馆阅读推广工作由信息咨询部负责。该馆设有信息咨询部、办公室、技术部、读者服务部、采编部等5个职能部室。其中,信息咨询部除了负责图书馆数字资源的网络宣传等工作外,还负责组织读书活动和检索竞赛。

广西师范大学图书馆设有文化服务部负责全馆的阅读推广工作。文化服务部的具体职责为:负责图书馆特色文化活动组织推广,进行相关文化宣传、橱窗、主题展览设计,学生社团指导等相关工作。

沈阳师范大学设有阅读推广部。该馆业务部门有:采编部、借阅部、信息咨询部、阅读推广部、读者活动部、技术服务部、行政办公室。图书馆主办的大学生读书文化节以新颖的形式、丰富的内容吸引着广大读者,促进了校园文化建设,提升了学生整体文化素养。

暨南大学图书馆设立专门的服务推广部,负责阅读推广工作。该部主要职能为:负责各类讲座报告、专题展览、主题书展等文化活动的策划组织及宣传报道;负责"暨南书悦会"、图书馆宣传月、暨南书香节、新生季、毕业季、周六电影院等活动的策划实施及宣传报道;负责图书馆特色文化礼品、宣传片、宣传册、各类海报等文化宣传品的设计制作;负责液晶电视信息发布;负责馆刊、简报的编发;协助办公室开展参观接待工作,负责参观导览宣讲;协助图书馆官方微博、微信的管理与维护;负责各类文化活动的新媒体推广;协助相关部门完成新设施、新服务的宣传,协助相关部门开展读者调查与统计分析相关工作;负责书虫志愿者服务队的管理等。

华侨大学图书馆设立文化传播部,安排专职馆员负责阅读推广及文化传承工作。

华中师范大学图书馆阅读推广工作由参考咨询部负责。该馆设有资源建设部、流通阅览部、参考咨询部、信息技术部、古籍特藏部、办公室等6个职能部门。其中参考咨询部承担信息咨询服务和阅读推广活动及为图书馆的建设和发展提供支持。阅读推广相关工作具体职责包括资源服务宣传及阅读推广，即各种宣传活动和阅读推广活动的方案策划、统筹实施以及图书馆微博的更新与管理。

西南大学图书馆阅读推广工作由读者服务部下设的学生社团组织——西南大学图书馆学生管理委员会负责。该组织由图书馆副馆长直接领导，读者服务部主任直接指导。

湖南师范大学图书馆阅读推广工作由业务办公室负责。该馆设有行政办公室、总支办公室、业务办公室、湖南省高校数字图书馆办公室、采编部、借阅部、流通部等13个一级职能部门或分馆。该校成立有校级阅读推广工作小组，由图书馆、党委宣传部、学生工作部、研究生院、教育处、校团委等部门组成，在全校范围内开展阅读推广工作。

宁波大学图书馆的阅读推广工作由读者服务总部负责。该馆下设有行政管理总部、网络信息中心、技术服务总部、读者服务总部等4个职能部门。其中，读者服务总部在学科服务等读者服务工作之外，还承担阅读推广与培训等工作职责。

海南大学图书馆采取的是学科馆员专业资源推广模式，宣传推广专业书籍、数据库，是学科馆员的职责。

三、当前高校图书馆对阅读推广的组织管理模式

（一）组建阅读推广部门或小组

近年来，阅读推广已经成为图书馆的新型服务，高校图书馆意识到从自发管理转变为自觉管理的重要性。部分条件成熟的高校图书馆通过机构改革，成立专门的阅读推广部门、小组，或是以阅读推广为主职的文化服务部门、推广部门，从制度、人员等方面切实保障阅读工作的常态开展。问卷数据显示，27.12%的高校图书馆采取了组建专职部组的方式。采取此种方式，一方面显示了图书馆对于建设全民阅读社会形势的快速反应及对阅读推广工作的重视；另一方面也为阅读推广工作可持续及常态化开展提供了组织保障。例如，网站调查显示的结果，北京大学图书馆在组织革新过程中将阅读推广定义为学习支持中心的职责；南开大学、天津大学、哈尔滨工业大学、上海交通大学、同济大学、华东师范大学、武汉大学、中山大学、重庆大学、郑州大学等10所双一流大学图书馆成立了阅读推广相关的部门，其中42所双一流大学的比例，与面向全国的大面积高校

图书馆问卷调研结果比较相似。另外，沈阳师范大学、暨南大学、华侨大学等图书馆也成立了阅读推广相关的专职部门，将阅读推广工作纳入了图书馆组织管理体系，实现了阅读推广工作常态化、稳定化、制度化。

(二)调整职能部门职责，纳入阅读推广工作

为应对快速变化的外部环境，多数高校图书馆(占比 55.93%)采用了依托传统职能部门——主要是读者服务部或流通借阅部，也包括参考咨询部或其他相关部门来开展阅读推广工作。例如，清华大学、复旦大学、西南大学、华中师范大学、湖南大学、湖南师范大学、云南大学、宁波大学等高校图书馆，将阅读推广工作归入读者服务部、综合流通部、参考咨询部及办公室的业务范围内，作为部门的重要工作职责。这种组织方式的优势有二：一是便于图书馆在不做大的组织调整的情况下开展适应社会需求的新业务、新服务；二是在稳定推进的基础上推动传统部门的业务创新。

另外，部分高校图书馆虽然没有将阅读推广写入部门工作职责中，但将之纳入了学科馆员工作体系。例如，海南大学图书馆实施学科馆员阅读推广模式，将专业阅读推广规定为学科馆员职责。学科馆员是专业书籍(包括专业数据库)阅读推广的主导者，肩负着专业书籍宣传推广的责任。首都师范大学图书馆学科馆员参与读书小组的组织及阅读辅导工作。学科馆员通过与相关院系的教师学生在知识层面上的深入交流，可以在充分了解读者需求的基础上，为大学生阅读学科经典提供深层次服务。例如，具有哲学硕士学位的学科馆员负责"哲学研究"读书小组的活动策划和组织实施，并承担部分阅读辅导工作，学生们对于该阅读推广活动的作用给予了充分肯定。

(三)成立跨部门专项工作组

从不同业务部门抽调人力组成项目小组，通过部门间的协调推动阅读推广工作，也是不少图书馆的选择。从问卷调查结果来看，占比 46.33% 的图书馆采用了跨部门专项工作组的方式。这种组织方式最大的特点在于灵活机动，且便于组织阅读推广工作需要的分布于不同部门及岗位上的成员，打破固有部门容易导致的条块分割，促进不同部门间的交流与协作。这种方式对于组织管理者的领导、协调能力要求甚高，对于大型图书馆尤其如此。上海交通大学、同济大学、武汉大学、南京农业大学等高校图书馆都采取或者曾经采取这种工作模式开展阅读推广工作。例如，在阅读推广部成立之前，同济大学充分重视阅读推广工

作的有效开展,为保证"立体阅读"推广工作长期有效地执行,专门组建了一种"矩阵型"机制。这种组织机制是:平时由一位图书馆负责人领导2~3人的工作小组进行阅读推广工作系统规划和选题策划,在确定项目之后,抽调图书馆各个部门的人员组成一个项目工作组,从事具体的策划和实施工作。例如,在活动中,组建展览布置、海报与网站专栏设计、影视片选放、相关图书推荐以及征文作品选评等工作小组分别开展工作。待项目完成,抽调上来的工作人员回到原来的岗位中。武汉大学图书馆成立专门的推广服务组,配备专职和兼职人员,开展阅读推广工作。由专职推广工作的人员担任活动策划人员、宣传品的设计人员、网页宣传和全媒体宣传人员的职位。工作组经常进行工作讨论,策划和设计阅读推广内容。

(四)依托学生志愿者社团进行阅读推广活动

学生作为阅读活动的主体,其阅读活动的参与性直接体现了阅读推广活动的质量。图书馆通过直接组织阅读推广学生社团或是通过与校级学生社团进行合作,从学生的兴趣爱好出发,从而将阅读推广活动举办得更加生动有趣,贴近学生群体。西南大学图书馆学生管理委员会成立于2014年3月,是由校团委领导和图书馆具体指导的社会实践类校级学生组织。图管委的建立,是为了更好地发挥图书馆在学校学风建设中的重要作用,搭建与广大学生之间密切联系的桥梁。图管委致力于服务全校学生,使广大师生善用图书馆、勤用图书馆、乐用图书馆。西南大学图书馆在图管会招新时成立了"阅读推广部",招募了20人左右的学生团队,主要负责组织读书会活动。社团招新期间,阅读推广部扩大到30人左右,除读书会外还组织了一些如读书月(每年4月)、民族文化月(每年11月)的读书活动。经过3年的探索和磨合,西南大学图书馆将阅读推广部独立为"阅读推广工作坊",成为与图管会并行的由图书馆直接指导的两个校级学生组织之一。同时社团规模扩大至90人,开始承办西南大学图书馆贯穿新生季、民族月、读书月、毕业季等的各类阅读推广活动。

重庆大学图书馆文化育人中心主要以"图书馆部门+学生社团"以及"图书馆员+学生志愿者"的模式开展阅读推广工作。馆员主要负责指导宏观工作,制定规划策略,管理学生社团;社团组织"书友会"负责阅读推广的具体实施工作。文化育人中心的两位馆员之所以能承担文化服务阅读推广的全部工作,在于该图书馆在阅读推广的各个环节中充分发挥了读者志愿者的主体作用。这一工作模式是重庆大学图书馆阅读推广的特色之一,既节约了图书馆的人力成本,又锻炼了志愿者的各项能力,而且读者志愿者的积极参与不仅拉近了图书馆与阅读推广对象之间的距离,也成为了解学生读者阅读需求的最便捷的渠道。通过举办丰富多彩的文化活动,既丰富了师生们的校园文化生活,也锻炼了社团成员的能力,提升了学生的综合素质,达到文化育人的目的。文化育人中心组织的传统文化活动包括:"不见不散"毕业生歌会、文化衫设计大赛、毕业季捐书、"今日我值班"体验活动、阅读推广活动、虎溪馆"赶大集"、读者沙龙、"尚阅斋"阅读分享、读书节活动、"书之星"挑战赛、逸夫楼影视欣赏与红房子影音等。

华侨大学图书馆文化传播部与学校社团管理部沟通建立了"初醒读书会",通过组建特色学生社团来开展阅读推广工作。文化推广部的馆员担任初醒读书会的指导老师,读书会设一名社长,两名副社长。社长总负责,副社长协助社长组织安排活动,同时在初醒读书会内部设置了管理部和宣传部,每个部门设正副两名部长,管理部负责社团成员纳新、培训以及活动的组织协调管理工作。宣传部负责活动海报制作、活动报道等宣传工作。在此基础上图书馆开展了创意书评活动、诵读会等阅读推广主题活动。

第二节　组织架构相关理论方法

阅读推广工作的成效与高校图书馆对其组织管理的方式紧密相关。当前高校图书馆主要从实践需要出发,为开展阅读推广工作采取了相应的组织架构方式。如果以组织理论为指导来设计组织结构,应该更为科学合理。

组织理论是管理理论的核心内容,是研究组织结构、职能和运转以及组织中管理主体的行为,并揭示其规律性的逻辑知识体系。组织理论的概念最早由卢瑟·吉利克和林德尔·厄威克在《组织理论概述》中提出。系统的组织理论经历了古典组织理论、行为科学组织理论、现代组织理论三个历史阶段。第二次世界大战以后,管理实践推动了组织理论的不断发展,用系统论的原理、方法、思想来分析组织的内部结构、管理活动与环境的关系,成为现代组织理论的重要部分。

自组织理论是 20 世纪 60 年代末期开始建立并发展起来的一种系统理论。主要是美籍奥地利生物学家贝塔朗菲的关于系统论的新发展。如果一个系统不存在外部指令,系统按照相互默契的某种规则,各尽其责而又协调自动地形成有序结构,就是自组织。自组织现象无论在自然界还是在人类社会中都普遍存在。自组织理论的研究对象主要是复杂自组织系统(生命系统、社会系统)的形成和发展机制问题,即在一定条件下,系统是如何自动地由无序走向有序,由低级有序走向高级有序的。一个系统自组织功能愈强,其保持和产生新功能的能力也就愈强。自组织理论南耗散结构理论、协同学理论、超循环理论等组成。自组织理论方法主要包括自组织的条件方法论、自组织的协同动力学方法论、自组织演化路径(突变论)的方法论、自组织超循环结合方法论、自组织分形结构方法论、自组织动力学(混沌)演化过程论、综合的自组织理论方法论等。

一、耗散结构理论

耗散结构理论主要研究系统与环境之间的物质与能量交换关系及其对自组织系统的影响等问题。建立在与环境发生物质、能量交换关系基础上的结构即为耗散结构。远离平衡态、系统的开放性、系统内不同要素间存在非线性机制是耗散结构出现的三个条件。高校图书馆阅读推广具有形成自组织耗散结构的基本条件。

高校图书馆作为文化知识和信息的集散地,不仅承担着保存人类优秀文化知识的重任,更肩负着传播人类优秀文化知识、广泛地开展阅读推广的使命。高校图书馆阅读推广组织是一个由多种元素构成的有机系统。阅读推广系统,既离不开图书馆领导根据社会发展需求提出的阅读推广的总目标和总规划,也离不开有效的团队建设及团队成员作为活动执行者的积极性、主动性和创造性。同时需要保障阅读推广工作有效推进的制度条件和组织构架,还需要阅读推广对象即读者的积极参与和实时反馈,需要图书馆资源作为阅读推广活动载体的丰富性。此外,也离不开阅读推广的学校环境、社会环境以及国家发展需求。

(一)图书馆阅读推广组织结构是一个开放的系统

阅读推广系统具有开放性。阅读推广系统离不开外界环境条件,与社会相互联系。系统接受环境的输入,继而加以转换、输出并供给社会。而社会接受阅读推广系统的输入后,又产生了新的社会环境,新的社会环境又再次输出,如此形成一个生态循环体。阅读推广系统同时将阅读推广事业的成效传播给周围环境和社会环境,通过营造阅读推广氛围,从而影响高校或是社会文化事业的发展。阅读推广系统与外界环境,通过彼此之间的相互作用、相互交流、相互影响,彼此都不断完善、共同发展。阅读推广活动的目标会随着外部环境需求的改变而不断改变,阅读推广团队也通过不断地自我学习,激发创新思维,更新已有知识,以适应环境的不断变化。阅读推广系统所传递的知识、文化也具有开放性。

(二)图书馆阅读推广组织结构是远离平衡态的

远离平衡态,指系统内部各个区域的物质和能量分布是极不平衡的,差距很大。远离平衡态是有序之源,如果没有远离平衡态,系统仅开放是没有用的,因为系统仅在平衡态附近,与外界交流也仅能是类似微扰的作用,不能使系统发生本质的变化。只有将系统逐渐从近平衡区推向远离平衡的非线性区,才有可能使系统演化成为有序结构。

耗散结构与平衡结构有本质的区别。平衡结构是一种"死"的结构,它的存在和维持不依赖外界,其系统熵最大;而耗散结构是个"活"的结构,它只有在非平衡条件下依赖外界才能形成和维持,不断进行"新陈代谢"。

图书馆阅读推广是不断变化着的,高校阅读推广组织遵循远离平衡态的原则,才能建立有效的管理体系。阅读推广团队的成员具有不稳定的特征,成员中包含了很多学生志愿者,由于学制等因素,学生志愿者通常不具备较强的约束性,团队成员稳定性较弱。阅读推广活动更强调阅读推广的目标、理念、品质,力求做到推动校园文化的提升,乃至推动社会文化的发展,全民文化素质的进步。因此反映在阅读推广的文化上则是不能保持静态的平衡状,要不断地自我完善,顺应社会需求的发展,追求创新,不断突破。阅读推广的外部环境需求在一个随机变化、难以预测的环境中,因此更须具备"随机应变"的能力。

(三)图书馆阅读推广组织的各子系统中存在着非线性相互作用机制

图书馆阅读推广组织的各要素具有非线性相互作用的特征。非线性相互作用具有非独立相干性、非均匀性、非对称性等特点。具有这些特点的非线性相互作用能使各要素之间产生相干效应和协调性,从而推动系统的变化。非线性作用是自组织产生与发展的根本原因。阅读推广组织多个子系统之间存在非线性相互作用。

其一,阅读推广的外部环境与阅读推广团队组织之间存在非线性相互作用。例如,社会上崇尚阅读推广环境,校园阅读推广文化的形成,能够促进阅读推广团队的发展壮大,激发阅读推广团队成员的积极性与主动性。

其二,阅读推广团队成员与读者之间存在着非线性相互作用。例如,读者对团队成员组织的阅读推广活动的赞赏与积极参与，或是通过阅读推广活动受到启迪并给予良好的反馈，能够激发阅读推广团队成员工作的积极性和主动性，使他们的工作具有获得感、成就感。

其三，阅读推广对象即读者，通过阅读推广活动，培养阅读兴趣，进而形成崇尚阅读的校园风尚，能够推动图书馆阅读推广机制的发展和完善。

其四，阅读推广团队成员之间存在着非线性相互作用。馆员的科学指导与启发，能够激发学生团队参与的主动性与积极性。与此同时，学生团队的参与和反馈，也能够促使馆员不断调整团队相处模式，从而使阅读推广团队的效益最大化。

二、协同学理论

协同学主要研究系统内部各要素之间的协同机制，涨落即系统内各序参量之间的竞争和协同作用是使系统产生新结构的直接根源。由于系统要素的独立运动或在局部产生的各种协同运动以及环境因素的随机干扰，系统的实际状态值总会偏离平均值，这种偏离波动大小的幅度就叫涨落。当系统处在由一种稳态向另一种稳态跃迁，系统要素间的独立运动和协同运动进入均势阶段时，任一微小的涨落都会迅速被放大为波及整个系统的巨涨落，推动系统进入有序状态。缩小系统要素间差距的内在动力则是个体行为有序的序参量。社会或者学校对于阅读氛围的期待与实际阅读推广的现状之间的差距就是涨落。阅读推广团队成员对于组织阅读活动的参与率，与实际活动参与度和效果之间的差距，也是涨落。只有通过阅读推广组织的不懈努力，才能缩小各个要素中存在的差距，从而使得阅读推广活动更加有序，对阅读推广效果以及良性阅读环境的形成产生有益影响。

三、超循环理论

英国生物化学家艾根发表《物质的自组织和生物大分子的进化》，正式建立了超循环理论。超循环是由催化循环组成的循环。催化的超循环作用不仅是选择，更重要的是整合功能，能把那些长度有限的自复制体整合到某种新的稳定序中，使它们组织成一个整体协同相干的进化。该理论将自组织系统的循环分为反应循环、催化循环和超循环三个等级。

(一)阅读推广组织管理的反应循环

反应循环是与物理、化学反应以及相对简单的生化反应相联系的较为低级的循环系统。该循环需要依靠外部催化剂驱动,类似于生命系统的新陈代谢。阅读推广组织活动中涉及三个主要要素:阅读推广组织的管理者、阅读推广运营团队和读者。其反应循环也由这三类主体构成。阅读推广管理者基于掌握的决策管理的知识和执行力,以自身的工作热情、组织文化、运营团队的工作能力、读者的参与热情等作为反应酶,来实现决策能力的提高、阅读推广组织制度的完善。阅读推广团队成员则是基于现有的专业知识和业务能力,以工作动力、激励机制、管理者的领导力以及读者的反馈情况作为反应酶,从而提高服务能力、阅读推广活动的组织能力以及实现的效果。参与的读者基于现有的阅读习惯、知识储备等,以阅读推广活动的吸引力、组织管理者的专业程度为反应酶,从而实现阅读能力的提升、良好阅读习惯的养成、自身综合素质的提高。

(二)阅读推广组织管理的催化循环

催化循环是比反应循环高一级的循环,该循环类似于生命系统的自复制。催化循环是在反应循环的基础上进行的。只要反应循环产出物中有一种类似于反应酶的产物,则该反应循环就能够实现催化循环。如前所述,在阅读推广管理者反应循环产生的结果中,决策能力的提高、阅读推广组织制度的完善可以作为其下一个循环的催化酶,使其实现催化循环;在阅读推广运营团队的反应循环中,运营团队服务能力的提升、阅读推广活动组织能力的提高以及活动实现效果的优化可以催化该循环,使该循环跃升到催化循环阶段:参与到读者的反应循环中,阅读推广活动参与热情的增长,读者阅读能力的培养,良好阅读习惯的养成,自身综合素质的提升,能够催化其阅读能力培养、转化和应用过程,进而催化其反应循环过程。

(三)阅读推广组织管理的超循环

超循环是多个催化循环相互联合构成的循环系统,它类似于生命系统的突变。在超循环过程中,高校图书馆阅读推广组织运行过程中各个要素的催化循环,能够相互催化,实现各类组织整体功能的优化。

1.阅读推广管理者与运营团队的超循环

在管理者和运营团队各自的催化循环中,均有能够催化对方循环的反应底物。管理者的催化循环产物中完善的阅读推广制度结构,能够促进馆员的催化循环;馆员的催化循环产物中服务能力的提升、阅读推广活动的组织能力的提升能够促进管理者的催化循环。

2.管理者与读者的超循环

伴随着管理者催化循环的进行,阅读推广的组织制度不断被优化,阅读推广的活动设计和推广更有吸引力,从而促进读者的催化循环;同样,随着读者催化循环的进行,其阅读能力的提升、良好阅读习惯的养成,使其产生新的要求,从而激发管理者的催化循环。

3.运营团队与读者的超循环

团队的催化循环产出物中,即阅读推广活动的组织能力提高以及活动实现效果的优化,能够促进读者的催化循环;同样,读者的催化循环产物中,阅读推广活动参与热情的增长、读者阅读能力的培养能够促进馆员的催化循环。

第三节 组织架构设计

自组织理论对于高校图书馆阅读推广工作的组织架构具有很强的适应性和指导意义。以用户为中心的"自组织"式的阅读推广组织结构应当有如下特点:

第一,阅读推广目标既具确定性又具灵活性;

第二,组织者和读者是阅读推广活动的共同主体;

第三,阅读推广活动是一个开放的系统,要适应开放的外部环境要求;

第四,阅读推广活动过程是一个正负回归的交替运作过程。

因此在阅读推广活动中,要形成动态的激励和考核制度。

一、阅读推广活动目标的确定

阅读推广活动的目标是指阅读推广活动所要达到的预期标准以及读者通过阅读活动所产生的预期效果,也是阅读推广活动想要达成的最终结果。在自组织式阅读推广中,阅读推广活动的目标虽不乏要推进全民阅读的总体目标,但活动的细分目标往往都是暂时性的规划,具有很大的灵活性和不确定性,需要随着活动的开展,以及开展过程中组织者和读者的相互作用而使其不断清晰、明确起来。因此,组织者在制定目标时,要明确其具有纲要的、多元的、开放的、动态的规划特征,并对其进行弹性预备。组织者可以采用以下三种方式确定目标:车轮式策略、树枝式策略和网络式策略。

(一)车轮式策略

车轮式策略是指,组织者在充分了解活动环境以及受众情况的基础上,以某一特定目标为母目标,预备各种可能产生的、彼此独立的子目标,并在活动过程中根据实际的活动情境对其灵活择取和选用。车轮式策略的特点是活动目标辐射范围广。

(二)树枝式策略

树枝式策略是指,组织者依据活动环境以及受众情况,特定活动目标为基础衍生出与此目标相关的另一个目标,并又以第二个目标为母目标衍生出新的目标。

(三)网络式策略

网络式策略是指,组织者依据活动对象以及效果,对活动过程中可能产生的问题与兴趣点进行联想并罗列出来,并以此为基础再进行联想,罗列出相关的问题与兴趣点,最后综合起来形成一个活动目标网络。

二、适应开放的外部环境要求

高校阅读推广组织是一个开放的系统,与开放的外部环境的不断交互,能够促进阅读推广组织的形成与发展。

(一)满足"全民阅读"的社会需求

联合国教科文组织向全世界发出了"走向阅读社会"的号召,要求社会成员人人读书,让读书成为人们日常生活中不可或缺的部分。自联合国教科文组织设立"世界读书日"以来,世界范围的阅读推广及读书活动成为潮流。

我国早在 1997 年就由中宣部、文化部等 9 个部门共同组织实施了"知识工程",倡导全民读书,建设阅读社会。自活动开展以来,在中央文明办、新闻出版总署、文化部、教育部、解放军总政宣传部、共青团中央、全国总工会、全国妇联等部门的共同倡导下,全民阅读活动在全国各地蓬勃发展。党的十八大以来,随着我国的经济大发展和文化大繁荣,全民阅读也上升为国家战略,获得了前所未有的重视和发展。党的十八大报告历史性地写入"开展全民阅读活动"。我国首个全民阅读国家级规划《全民阅读"十三五"时期发展规划》由国家广播电视总局对外发布,该规划以推动全民阅读工作常态化、规范化,共同建设书香社会为目标。国务院法制办正式就《全民阅读促进条例(征求意见稿)》公开征求意见,标志着全民阅读立法工作取得重大进展。所有这些,都充分体现了党和国家对全民阅读这项文化民生工程的高度重视,标志着全民阅读纳入国家战略层面进行整体布局,意味着高校阅读推广活动拥有得天独厚的社会环境。高校图书馆阅读推广组织要充分利用这一条件,壮大自身发展。

(二)融入学校发展环境

近年来,在"以学生为中心"的教学理念的指导下,很多大学都非常注重学风的建设和历史积淀过程。优良的学风一旦形成,就会演绎成这所大学的传统,并一代代地传承下来,呈现出恒久性。国外一流大学都拥有浓厚的学术文化氛围,为广大的学生、学者提供了畅所欲言、大胆抛出创新观点并进行公平竞争的良好空间,使得各种创新和研究得以激发并呈现出生动活泼的局面。良好的学习习惯能帮助学生明晰学习方向,提升学习效率,使学生不断自我完善;不良的学习习惯则容易滋生学生消极的思想意识,不利于学生的成长成才。因此,培养良好的学习习惯对高校大学生来说十分必要。

当代大学生需要培养终身学习的习惯,培养思考和观察的习惯,培养良好的学习精神,培养互助学习的习惯,培养主动学习的习惯,这对当代大学生综合能力的培养极为关键。而学生自主学习能力的培养离不开学生阅读兴趣的培育、阅读能力的提升,因此很多高校都致力于为学生营造良好的阅读氛围。学校宣传部、教务处以及各个学院也会组织各类型的文化活动,以培养学生的阅读兴趣。在学校环境的影响下,图书馆阅读推广组织需要找好切入点,和相关职能部门形成联动,共同推进全校阅读风尚的形成。可以以通识核心课等普及课程为媒介,将阅读推广活动融入教学环境,以教师的授课计划为依托,引导读者主动阅读,培养深度阅读的能力,丰富读者的知识体系结构。

三、形成阅读推广组织的共同体

(一)建立稳固的制度保障

高校图书馆阅读推广的核心因素是人。因此,阅读推广必须充分发挥人的能动作用,要通过制度文化来鼓励竞争,建立完善的激励机制,协同发展。稳固的制度保障,能够有效地减小阅读推广组织受外部环境、对象反馈等不稳定因素的影响而引发的巨大涨落,从而促进阅读推广组织稳定、成熟。制度设计是高校图书馆阅读推广活动的起点。一套经过科学化设计、符合客观实际、顺应需求的良好制度,可以主导循环的方向和速度,并为其螺旋上升创造条件。具体表现为图书馆建立明确的阅读推广制度体系,将阅读推广写入馆员乃至部门的工作职责,纳入考核评审体系,能够为阅读推广组织的发展提供强有力的制度支撑。高校图书馆必须建立和完善相应的阅读推广长效机制,将阅读推广制度化、规范化,从制度层面确保阅读推广工作的规范性和连续性。同时,根据馆内实际环境的差别,形成稳定的阅读推广队伍,如矩阵式的阅读推广工作组,或是专门的阅读推广部门等。"矩阵型"的阅读推广小组,可以由一位图书馆负责人领导2~3人的工作小组进行阅读推广工作系统规划,在确定项目之后,可抽调图书馆各个部门的人员组成一个临时的班子,从事不同的策划和实施,并根据活动效果进行反馈优化。具有良好的阅读推广工作基础、对阅读推广工作者需求较多的高校图书馆可以成立专门的部门负责阅读推广工作,或是将阅读推广工作写入某一部门的具体工作职责。这是从制度层面推进阅读活动的重要举措,随着阅读推广活动在高校的深入开展,专职部门可以在更大的范围、以更优的人力物力,集中做好阅读推广的宣传工作。

(二)协同发展的运营团队

扁平化的组织结构能够更加有效地促进协调运营团队的发展。通过进行组织结构的调整和精简,通过运营团队的组织结构的改革变化来推动阅读推广工作的发展。通过以任务为导向的方式,基于某一阶段具体工作,以核心团队为中心,根据具体要求引入具有相关技能的辅助成员,共同完成阅读推广工作。

1.核心团队

高校图书馆阅读推广是一个常态性的工作,涉及的环节较多,参与人员主体多样,具有复杂性,因此需要一支专业的运营队伍,且运营团队的核心团员需要由专业的馆员担任,负责推广工作规划的制定、日常运营和与学生团队的沟通协调。高校图书馆可以根据实际阅读推广工作的体量和需求,确定自己的核心团队,既可以成立固定的阅读推广或是文化活动相关部门,也可将阅读推广工作纳入传统职能部门的部分馆员职责,或是组建横向的阅读推广工作组等。推广馆员在高校图书馆阅读推广服务中具有举足轻重的地位,如何激发图书馆员学习主动性,提高图书馆员参与阅读推广服务的积极性,保持图书馆员从事阅读推广服务的持续热情,是完成图书馆阅读推广服务人才储备的关键环节。

首先,专业馆员队伍需要具有专业的业务能力,熟悉图书馆的馆藏资源与服务,能够制订专业的阅读推广活动计划。

其次,专业馆员队伍需要具有较强的沟通协调能力。由于阅读推广工作的复杂性,专业馆员需要和馆内技术部门、资源部门、服务部门等进行沟通协调;同时组织阅读推广活动往往还需要与校内各部门联动;专业馆员需要具备与学生团队以及读者的良好沟通能力,以促使活动效益的最大化。

最后,专业馆员队伍需要有明确的分工,根据具体的业务要求对专业馆员的岗位职责进行细分,既有负责专职推广活动的活动策划人员,也有负责宣传推广工作的全媒体宣传员等。同时,专业馆员需要拥有良好的领导能力,能够领导学生团队,充分调动学生团队的主动性和积极性,引导学生团队在阅读推广工作中发挥重大的作用。此外,专业馆员需要拥有对阅读推广工作的热情、认真细致的工作态度和对于该项工作职业的使命感和责任感。

2.辅助团队

由于阅读推广工作具有多样性特征,活动形式丰富,内容涉及面较广,需要不断对活动模式进行创新性探索,因此单独依靠核心团队很难有效地完成任务,往往还需要拥有具有相关专业背景的学科馆员、技术背景的技术人员以及资源馆员等。辅助团队可以根据不同的任务灵活组建,能够实现团队成员之间的优势互补,减少工作的盲目性,从而使团队效能得到最优发挥。比如,组织学科专业阅读,可以吸纳该专业学科的馆员进入辅助团队,能够很好地弥补核心团队成员在该专业知识反面的不足,也能够充分降低团队成员之间的沟通成本,使沟通更加有效及时,有利于增进组织成员的合作和互动,并能对不断变化的外部环境做出迅速的反应。

3.学生志愿者团队

不同于社会阅读推广工作,学生既是高校阅读推广工作的主要对象,也可以作为管理者,更多地参与到阅读推广工作中来。图书馆成立以学生为主体的阅读推广志愿者社团,不仅拉近了图书馆与阅读推广对象的距离,而且有助于充分便捷地了解学生读者阅读需求。通过参与策划丰富多彩的文化活动,也锻炼了社团成员的能力,提升了学生的综合素质,达到文化育人的目的。学生志愿者的形成也符合自组织的特征,他们由于对阅读推广的兴趣爱好或是自身发展的要求而自发加入,运转和管理也具有充分的自治性。因此,学生志愿者团队的发展也会经历自创生、自生长和自适应这三个发展阶段。

在自创生阶段,学生由于自身兴趣等因素加入阅读推广志愿者团队。

在自生长阶段,随着志愿者团队的壮大,根据各自的兴趣爱好、专业技能、学科背景等进行更进一步的分工,在这一阶段管理制度建立完善,学生团队的分工更加明确,团队的稳定性也逐步加强。

在自适应阶段,团队成员要根据外部阅读环境的变化、读者需求接受程度的变化等不断加强沟通交流,进行自我调整,进入成熟稳定的运营期。专业馆员需要对学生志愿者团队进行专业引导、培训、考核等,不断引导团队走向成熟。

(三)以引导读者自主阅读为导向

阅读推广活动是一个由运营者和读者构成的共同体,读者的反应与满意程度对于阅读推广活动起着至关重要的作用。读者可按照主体的不同,如教师、以课程学习为主的本科生、以研究为主的研究生,以及学习专业不同的人文社科学生、理工科学生等进行群体细分,不同的读者群体对于阅读推广活动的要求与期待程度也有着显著的差别。在自组织视野下,高校阅读推广组织希望能够通过阅读推广活动来启迪读者,引导读者自主阅读行为。

自组织论认为,系统的有序是由系统内部要素之间协同作用形成的,协同作用是任何复杂系统本身所同有的自组织能力,是形成系统有序结构的内部作用力。自组织系统一旦开始运行,它就具有一种"自提升"的功能,而且必须在内部机制的作用下,能够不断地优化其组织结构,完善其运行模式。读者阅读行为本来是一种自发的行为,通过适当的阅读推广活动形式,能够使其优化提升。

首先,在活动开始前,可以引导学生对阅读活动进行初步的了解,初步了解所产生的对于文本的原初体验、困惑能够激发活动的参与热情。

其次,活动前的深度学习使读者的思维处于最佳状态,从而保证了活动的有效性与质量。在活动进行时,以灵活多样的组织方式激励读者,调动读者的参与性与积极性,激发读者参与互动交流的主动性,从中敏锐地观察到读者的接受程度以及兴趣点,分别从知识与技能维度、过程与方法维度以及情感态度价值观维度对该资源的利用价值进行分析,并根据活动目标和活动内容合理选取该资源的利用侧重点。

然后,将读者的兴趣点融入阅读推广过程,从而推动阅读推广活动的丰富性。在此过程中,读者的阅读兴趣、创造性思维都得到一定程度的塑造,主动参与性也得以提升,这样有助于自主阅读的形成。

四、阅读推广活动是一个正负回归的动态过程

(一)制定动态的激励考核制度

反馈通常是把现在系统的行为结果作为影响未来系统发展的动因。非线性系统中同时出现正反馈和负反馈,如果现在的行为能够促进未来的发展叫作正反馈,反之则叫作负反馈。阅读推广是为了充分引导不同主体的学生进行阅读,因此阅读推广的组织者需要深入地了解读者需求,掌握读者对于阅读活动的兴趣点和期待度等,从而更加快速、精准地提供服务、组织活动。

阅读推广活动的组织者要积极主动地从多个角度、运用多种方法了解读者参与阅读推广活动的真实想法和反应,对阅读推广效果进行多维评价。将评价结果与阅读推广活动的目标进行比对,进行反馈,正回归运动意味着阅读推广偏离既定目标,阅读推广的丰富性增加。负回归运动意味着阅读推广活动朝向既定目标,教学的有效性增加。通过合理的反馈机制调整,期待目标与实际情况之间的落差,制定完善的激励和考核机制,不断调整二者之间的关系,在激励阅读推广活动非线性发展的同时避免过度涨落。

人们在决定是否实施某种行为时,一般都要对行为的预期收益与成本进行考核,当收益高于成本,即行为结果对其有价值时,才会实施该行为。在自组织视野下,阅读推广活动需要制定动态的考核激励机制。

当然,阅读推广活动运行中给各类主体带来的价值难以直接计量,只能通过适当的方式,使他们感知其行为结果的价值。在阅读推广活动这一催化循环中,阅读推广组织的管理者、阅读推广运营团队和读者这三个主体构成了阅读推广活动的反应循环。阅读推广活动各类主体感知其行为结果的价值高于成本时,则会强化其行为,推动各自的反应循环和催化循环,并借助各类主体之间的非线性相互作用,推动高校图书馆阅读推广组织的超循环体系的发展。

(二)形成创新文化氛围

当一个系统处于开放状态,在该系统从平衡态到近平衡态、再到远离平衡态的演化过程中,达到远离平衡态的非线性区时,一旦系统的某个参量的变化达到

一定的阈值,通过涨落,该系统就可能发生突变(即非平衡相变),由原来的无序混乱状态转变为一种时间、空间或功能有序的新状态。

高校图书馆阅读推广组织在运营过程中,也会出现有效能量的逐步减少、无效能量逐渐增加的情况。这种情况会使阅读推广组织逐渐向无效、无序和混乱的方向运行。此时,高校图书馆阅读推广组织需要在不断地与环境进行物质、能量和信息的交换过程中,将诸如新理念、新知识、新技术、新制度、新人才等创新机制引入,增强负熵,进行组织的再造和管理的创新,形成管理耗散结构,让组织有序度的增加大于自身无序度的增加,阅读推广组织系统的负熵增加大于正熵增加,进而形成新的有序结构并产生新的能量。

因此,不断开拓思维,与外部开放的环境进行交流,引入新理念、新知识、新技术、新制度、新人才等,形成创新的文化氛围,对于阅读推广组织的不断发展有着重要的意义。在实际运行过程中,活动的组织者也要在周围环境的交互作用下,形成开放性的创新思维,不断对阅读推广活动进行形式、内容、组织等多维度创新,培养读者创新能力,有效推动阅读推广总体目标的实现。

第六章

高校图书馆阅读推广活动策略

阅读对大学生来说尤为重要。阅读不仅可以帮助大学生提升阅读能力、拓宽视野、启迪智慧、培育科学精神和人文精神，还能帮助大学生进一步了解社会、适应社会。高校图书馆作为知识传播的平台，发挥着重要的社会教育作用。高校图书馆阅读推广应重视阅读环境营造、健全阅读推广机制、明确阅读推广主题、合理有效地设计阅读推广活动，并通过合作模式推广阅读品牌活动，丰富学生的视野，帮助读者跨越信息鸿沟，提高学生的阅读能力和审美能力。

第一节　高校图书馆阅读推广活动的受众及目标

一、高校图书馆阅读推广活动的受众

高度去中心化的时代下，受众的阅读心理和阅读需求呈现出碎片化特征，受众不再是一个统一的整体，而是分化成一个个具有相同阅读兴趣或偏好的小众群体，传者中心化、受者边缘化的现象正在悄然被改变。新媒体一方面加速分流阅读受众，使之更加碎片化；另一方面，又为碎片化的时间、场景和阅读受众提供高度聚合的可能。事实上，新媒体环境正从两个相反的方向建构阅读受众：一是受众的细分及专业化受众的出现；二是作为媒介集中之产物的更大规模受众群的生长。

在媒介高度融合的今天，受众在无时无刻享受着微阅读文本的饕餮盛宴，微阅读正逐渐演变成一种新的生活方式和社交方式。微阅读文本的获得不再是一个主动搜索的过程，而是一个与受众关系匹配、兴趣耦合、应需而来的过程，微阅读推广也成为一个响应或点燃受众蕴含在心、表达在口、体现在指尖的个性化阅读诉求的过程。

（一）国外受众细分研究

受众的细分和演化是一个不断发展的过程。受众不仅是技术的产物，也是社会生活的产物。以往，受众大体是按照国家、地区、城市等地域指标进行划分，所有受众分享相同的媒介资源；如今，受众群的划分不仅沿袭传统的地域标准，而是更多与品位和生活方式联系在一起。

根据西方受众理论，可以将受众细分研究划分为两类：一类是以受众细分的客观变量为标准，如地理变量、人口统计变量等。这种划分方法主要以美国经验主义学派的定量研究为代表。该学派以确定传播效果为中心，并以地理位置、城市规模、人口密度、气候条件，以及性别、年龄、教育程度、收入等作为量化指标，通过对受众媒介使用行为的量的把握，结合媒介的使用频率、使用媒介时的卷入程度等指标细分受众，以取得令人满意的传播效果。以客观变量为标准的受众细分研究仅把传播效果作为研究的核心要素，而受众则被当作无知的"大众受众"，并认为媒介产品不但使受众丧失反思能力和批判能力，而且在文化产品的强大威力下，受众是被"驯服"了的受众。事实上，这种"纯客观"的研究方法忽视了影响传播效果的核心要素——受众的能动性。以法兰克福学派为代表的批判学派开始从社会学的角度探究传播活动与社会各要素之间的关系，并按照自然属性和社会特征划分受众，在量化研究的基础上注重定性分析。

另一类是以受众细分的主观变量为标准，如心理变量、行为变量等。与传统的经验主义受众研究和法兰克福学派不同的是，早期的伯明翰学派从纯粹定量研究转向对受众生活习惯的定性研究，受众研究开始趋向于研究受众的心理和行为，而不是媒体对受众的影响。以霍加特、霍尔及约翰·菲斯克为代表的伯明翰学派逐渐关注受众行为的能动性。如霍尔的"编码/解码理论"首次提出受众能动性解码的可能性，约翰·菲斯克则认为受众会主动对文本进行意义建构与解读。现代传播学代表人物丹尼斯·麦奎尔在参考和借鉴詹森及罗森格伦受众研究成果的基础上，将受众研究分为结构性研究、行为性研究和社会文化性研究。随着新媒体的出现和逐步壮大，出现了专门针对媒介融合背景下的受众研究。如英国学者阿伯克龙比和朗赫斯特提出受众研究的三种范式（行为范式、合作/抗拒范式、景观/表演范式），并将受众细分为简单受众、大众受众和扩散受众。丹尼斯·麦奎尔在《受众分析》一书中作了进一步阐述，他认为新的传播技术对受众的影响更多的是质变而非量变,受众会出现某种细分和分化趋势。这似乎意味着作为社会集合体,即可能拥有共同经历和相同归属感的受众的时代终结了。

(二)国内受众细分研究

近年来,国内学者开始重视对受众的细分,从实证角度对受众进行调查研究,力求证明其分类方法的合理性。如吴红雨、徐敏认为传统受众类型划分的理论界定繁复,在实践上又缺乏真正有意义的操作价值,因此其采用抽样调查的方式,依据受众所填数据将受众分为参与型受众、需要型受众、选择型受众、意见型受众和隔离型受众;樊华基于消费者行为学视角,指出传统受众分类方式或过于粗放或过于抽象,并在此基础上提出媒介融合下的受众分类模式,即传统型受众、有限性受众和扩展性受众;沈菲等对我国 31 个省、自治区、直辖市进行了问卷调查,从受众的行为特征、心理机制、情感认同和复杂影响因素等方面将中国受众分为电视主导型、媒体低耗型、电视—杂志型、电视—报纸型、电视—网络型和电视—广播型。

二、高校图书馆阅读推广活动的目标

(一)目标管理的相关理论

目标管理这个概念是由美国管理学大师彼得·德鲁克提出的,最早应用于我国企业管理方面,在取得较好成效后逐步推广。它的管理思想主要内容包括:

(1)任务必须转化为目标,管理人员需要通过这些目标对下级进行领导,并保证总目标实现。

(2)目标管理是一种程序,是一个组织中的上下各级管理人员会同起来共同制定的目标,用来确定彼此的成果责任,并以此项责任来作为指导业务和衡量各自的贡献的准则。

(3)每个工作人员的分目标就是任务总目标对他的要求,同时也是这个工作人员对任务目标的贡献。

(4)管理人员靠目标来管理,以所要达到的目标为依据,进行自我指挥、自我控制,而不是由他的上级来指挥和控制。

(5)管理人员对下级进行考核和奖惩也应该依据这些分目标。

(二)目标管理理论下的阅读推广模式建设

1.制订目标

借阅率直接关系一个图书馆图书的利用和其产生的作用,因此,借阅率的高低是图书馆业界人士普遍关注的一个指标。面对全国高校普遍纸质图书借阅率的持续走低的现状,将提高图书借阅量作为图书馆发展的目标之一是极其有必要的。

以大学生读者为对象,分析造成高校图书馆借阅量让人堪忧的因素主要归结为两点。

其一,出生在网络时代的当代大学生在高校相对自由的环境中,摆脱了昔日父母的严厉束缚、学业的繁重压力,将大量空闲时间沉浸在网络上,对于纸质图书缺乏阅读的兴趣和习惯的培养;其二,关于阅读推广书目缺乏专业的指导。不少大学生不清楚如何选择读物,对于辨识哪些图书对他是有意义的很是困惑,而高校图书馆在这方面的工作也相对薄弱,所以阅读推广工作难以展开。

基于上述原因,高校图书馆的纸质图书的借阅难免深受影响。所以在制订每年或每学期预期目标借阅量时应根据本校实际的学生人数、馆藏图书数量、以往借阅水平、阅读推广活动预期成效等因素综合设定。

2.目标分解

借阅预期目标的完成,需要图书馆组织内部的通力合作。将阅读推广的相关职责任务落实到图书馆的各相关部门,是目标管理理论所要求的至关重要的一步。

各部门在阅读推广活动中都应积极地发挥各自的积极性,在完成基本职责的基础上,增设一些与阅读推广相关的职责。

3.目标执行

图书是否能够满足师生的需求,是直接关系到纸质图书借阅的一个重要原因。如何吸引他们的关注度,高校图书馆应该从选择图书、宣传图书、直接推介图书三个环节来处理好这个问题。

(1)选择图书。在购书前,广泛征集各方意见,着重购买师生需要和关注度较高的图书。可以通过各种形式来进行信息搜集,比如通过调查问卷、读者留言册等;对于高校学科发展的前沿书籍可以咨询学科老师的意见,这样有助于满足高校学科专业发展。选书的内容应既丰富多彩又有所侧重,能够满足各专业学科的发展需要,所以图书馆在选书时要对重点建设学科有所侧重。

(2)宣传图书。图书馆各部门对于本馆的图书应做好整合宣传工作,办公室、阅览部、技术服务部等部门可以结合本部门的工作特点,从自身工作特性对本馆书籍进行大力宣传。

(3)推介图书。一般来说,和读者进行面对面交流和宣传的是流通部的馆员同志,他们会根据读者需要有针对性地进行介绍,并适时将一些适合广大读者的书籍介绍给他们。

4. 成果评价及奖惩

根据目标管理的原则,在将提高借阅量这个总目标任务分解给各部门后,在年终考评时,应把这一项职责作为奖惩的一项内容,以此激励各部门在阅读推广活动中的干劲。奖惩不拘于形式,既可以是物质上的奖励,也可以是精神上的勉励。

5. 制订新的目标并开始新的目标循环

在一个新的学期或来年,高校图书馆应根据上一年借阅量实际完成情况制订下一轮新目标,并总结上一年的工作实践,完善相关内容。

(三)目标管理理论下的阅读推广的具体措施

根据上述内容分析,开展阅读推广活动必须从引发读者兴趣、引导读者借阅、全面开放资源等环节入手。

1. 适时地举办各项活动以此激发读者阅读兴趣

每年的 4 月 23 日被定为“世界读书日”,大学可以此开展主题活动,并就此拉开全年读书文化节系列活动的序幕。为了进一步开展阅读推广,还可举办“送书进宿舍”“送书进社区”等系列活动。

2. 组织团体、协会的力量进行阅读推广

图书馆指导学生建立读书协会,通过开展多层次、多样化的读书文化交流活动,培养学生读书兴趣,丰富校园文化,这项活动更容易深入师生之中;同时协会会员的加入,本身也是对图书馆和校园文化的宣传。

3. 通过让读者熟悉图书借阅的服务以此进行阅读推广

为了让读者尽快地熟悉大学图书馆各书库的藏书分布和图书排架方式,“找

书比赛"成为阅读推广的精品项目,在游戏中学到知识,这使得其成为众多大学生非常推崇的项目之一。

4.全面开放图书馆资源,借此进行阅读推广

在资源利用上,大学在为本校提供优质服务的同时,也应面向社会公众读者开放。办理校外读者借书证,积极拓宽阅读推广活动。

5.加强与二级学院的交流以促进阅读推广

这主要需要做好两个方面的工作。一是对各学院的入学新生强化入馆教育课程。以往这种培训许多新生并不是很重视,所以为了激励学生的学习动力,可以考虑增设一些考试内容,这些内容应以本校图书馆的服务为主;二是与各学院学科带头人保持定期联系,及时了解学科动态和发展,对学科发展所需书目应给予及时补充,使学生在拓展专业知识时能及时查询到所需用书。

6.启动高校"精品阅读"项目

为了更好地引导大学生读好书,高校图书馆可以增设一些"精品阅读"项目。比如通过大力宣传,让各位学生了解一些精品书籍,并指导他们进行借阅,也可以通过活动的方式,让这些爱读书的大学生彼此间加强联系,定期举行读后感交流会,为他们搭建精神交流的平台。

第二节　高校图书馆阅读推广活动的策划原则

高校图书馆开展阅读推广活动的目的是吸引大学生的注意,使其参与到活动中,因此活动需精心策划。详尽细致的策划方案是阅读推广活动顺利开展的保证。

一、针对性与整体性的协调

每一项阅读推广活动都是针对一定的目标群体的。高校图书馆开展阅读推广活动,需要设定明确的目标群。由于大学生的阅读倾向和规律因其所处年级以及知识积累程度的不同存在明显差异,因此应针对不同群体开展不同内容和形式的阅读指导活动。客户细分是客户关系理论的重要组成部分,特别强调需

求的差异性。推广对象分层越细，所做的工作越有针对性，就越能满足特定群体的需求。粗略地看，图书馆大学生读者可分为本科生、硕士生、博士生；这个分类还可进一步细化，本科生还可分为新生、老生及毕业生。阅读推广的对象主要是本科生，而针对新生的活动与针对老生的活动却应大不相同。新生到校后，一个重要任务是了解图书馆，提高信息素养，而老生则在这方面已有基础，他们更希望找到自己想看的图书，大三、大四的本科生则更希望获得论文写作、考研、找工作等方面的指导，即使是同一年级的学生，人文学科和理工学科的学生，需求也是很不一样的。

阅读推广还要考虑整体性，如应与图书馆服务宗旨保持一致，兼顾图书馆各个读者群体，使阅读推广工作中的各个环节均具有整体性。大学生层次不同，在策划活动时，要统筹考虑，不能只考虑某一个群体的需要。在布局阅读推广活动时，要先做通盘考虑，再做适当倾斜。例如在秋季，考虑到新生入学，可以多布置一些面向新生的活动，适当地布置一些针对高年级学生的活动；到了春季，活动内容可以适当向高年级学生倾斜，适当地布置一些针对低年级学生的活动。

二、科学性与前瞻性的结合

其一，阅读推广活动策划要确保导向正确、宗旨明晰，意在读者引导阅读和促进阅读。

其二，阅读推广活动的策划内容和形式是具有可操作性的，图书馆在人、财、物上应能保障活动顺利实施。

其三，阅读推广活动的策划也要有前瞻性。除针对纸质图书等开展活动外，要时刻关注网络化环境下新技术的发展及读者阅读习惯的变化，要跟踪数字阅读、掌上阅读、新媒体等的发展，创新活动形式，不断策划新的活动。

三、兼顾计划性与可持续性

阅读推广每一项活动都要进行很长时间的筹备。为保证活动质量与效果，一般情况下，要未雨绸缪。策划之初，就要考虑人员、经费、资源，甚至时间和空间等条件，提前为未来拟筹划的活动创造相关条件。

通过推广阅读来促进读者阅读习惯的养成、阅读文化的建设，是一个长期的过程，非一两次读书活动就能做到，所以阅读推广不应是应景、应时的节日型、运动型活动，必须建立起长效机制，在人员、经费、资源等方面做出整体规划和安排。在策划时，可以考虑将有些可反复开展的活动做成品牌，形成口碑。读者经阅读推广活动的反复刺激，可提高参与的热情。例如，"一城一书"这样的活动就可持续开展，可以以年、季、月、周等不同周期开展。周期不同，书籍不同，这样可以大大提高书籍的阅读率；在高校图书馆，也可以持续打造"一校一书"的立体阅读模式，让阅读成为习惯。

四、创意性与常规性的平衡

阅读推广活动的开展是希望引导更多的人参与，而具有创意的宣传推广活动能极大地提升宣传效果。衡量宣传推广活动是否具有创意，要看它是否引起了大学生广泛的共鸣，是否给大学生留下了深刻的印象及是否取得了大学生广泛的关注。

图书馆可定期策划一些创意性活动。阅读推广的策划，要打破常规，寻找创意上的突破，需要能够抓住大学生的眼球。在策划活动时，要求方案新颖、个性化、趣味化、富有挑战性，达到"惊异效果"。

但创意性活动要耗费更多的人力、财力、物力，对技术也有更高的要求，因此图书馆的活动不可能都具有创意性。阅读推广活动本就有常规与非常规之分。在图书馆内经常性地开展常规性活动，可以树立品牌和口碑。

图书馆阅读推广活动的策划，特别要注意在创意性和常规性间寻找一个平衡点，将常规活动打造成品牌。在人、财、物条件合宜的情况下，开展创意性活动，达到锦上添花的效果。

五、一个中心、三个结合原则

（一）一个中心

这里的一个中心就是以"读者发展"为中心。高校图书馆已经将阅读推广活动纳入重要议程，在校、院、馆及馆际之间的协调合作方面、活动的组织形式方面都做了不少有益的尝试，并有将这一工作制度化的趋势。据郑伟清对"211工程"高校图书馆的调查统计显示,连续 3 届以上开展推广活动的高校占被调查高校总数的 60％。问题是在形式众多的推广活动背后,是否有一个核心思想在指导我们? 如果有,这个核心的思想又是什么?

自英国开卷公司创始人雷切尔·冯·里尔提出"读者发展"这个词汇之后,汤姆·弗雷斯特的进一步阐述使这一概念的内涵更为明确:它是读者文化能力的发展,传播的是阅读经验及对个人能力带来的改变。根据他的阐释,我们可以这样理解,"能力"是核心,推广阅读活动的主旨是让读者具有一种阅读及文化能力。凭借这个能力,读者有信心去阅读其他作品,用中国的俗语概括就是"授人以鱼不如授人以渔"。因此,高校图书馆在活动中力求通过可闻、可见、可触的形式来达到对能力及文化底蕴无形地提升,需要以"读者发展"理念为中心,针对读者的现实情况做好阅读推广工作。

(二)三个结合

这里的三个结合主要是指教师指导与个性自由相结合、广度和深度相结合、有声的活动与潜移默化的影响相结合。

1.教师指导与个性自由相结合

在阅读推广活动中,一直存在着"教育派"和"中立派"两种观点。前者站在教育家的角度,通过列书目和讲解阅读方法,以期达到提高读者阅读水平和文化能力的目的;后者则认为阅读是自由的,只能提供信息和建议,不应该站在指导和教育的立场上。这两种观点各有优缺点。目前根据学生的评价,我们应考虑将指导阅读与个性阅读结合起来,使我们的推广活动具有一定的张力和弹性。

从表 6-1 可以看出,学生最满意的前 4 项推广活动是图书捐赠、经典视频展播、图书推介、名家讲座。可以看出,前两项更多地带有自由选择的性质,后两项则更多地带有指导意味,说明学生对这两种方式的推介活动都是接受的。但值得注意的是,经典视频展播学生参与的深度不够,图书推介活动学生参与的广度不够。为什么会出现这样的现象? 究其原因是在学生自由选择的推广活动中没有加强指导性的内容,不能帮助大家更好地理解;在教育性的推广内容方面没有加大宣传和采取必要的措施来扩大参与学生的数量。

表 6-1　基于读者评价的阅读推广活动的 4 类排序

序号	参与广度的活动	参与深度的活动	最满意的活动	最有效的活动
1	经典视频展播/名著影视欣赏	读书有奖知识竞赛	图书捐赠	读书有奖知识竞赛
2	读书节启动仪式和闭幕仪式	读书辩论赛	经典视频展播/名著影视欣赏	经典视频展播/名著影视欣赏
3	名家讲座	图书推介	图书推介	读书辩论赛
4	读书有奖知识竞赛	名著名篇朗诵	名家讲座	图书推介

　　如果我们将这两种思路融汇到一次活动中，使得活动在两种思路的支配下，在成分双重叠加的基础上开展，就会产生出更好的效应。在工作实践中，我们有意识地将经典视频展播与阅读经典作品结合在一起，以读书会的方式互相交流，发现学生们参与的积极性很高。这种方式能更好地让学生感受到文字的独特魅力，进而品味流淌于其中超越时代局限的文化。

　　另外，图书推介工作最容易变为指导性阅读。除了推介书目、最新研究动态、各大出版社和书城排行榜这些明显带有指导性的推介外，尝试将指导与学生的阅读自由结合，推介具有延展性信息的书目和相关网站。既拓宽了学生的视野，又能让学生从感兴趣的资料入手，顺藤摸瓜地找到自己想要读的书目，如《60 年中国人的阅读心灵史》《阅读改变人生：中国当代文化名人读书启示录》和荐书网等，这些书和网站里集中了有成就的名人及对他们影响最大的书目，学生们可以自选所需，这样的书籍既能最大限度地调动学生阅读的积极性，也指明了阅读的大方向。此外，宁波大学园区图书馆阅读沙龙，改进了以往名家讲座的教育性模式，现场有相关主题书的展出，有意安排了读者与嘉宾互动交流，且有咖啡茶水相伴，使得活动更具活力，这种沙龙将两种推广理念完美地结合在一起，取得了很好的效果。

2.广度和深度相结合

　　从表 6-1 还可以看出，知识竞赛、读书辩论赛、图书推介、名著名篇朗诵是学生深度参与的前 4 项活动。活动的共同点是参与性强，学生需提前做充分的准备工作,而且图书推介和辩论赛还是学生们最满意的活动,可惜的是这些活动都不是参与最广的活动,这是一个很好的提醒。馆员应该在学生参与深且满意的活动上加大宣传力度,让更多的学生参与进来。"广"意味着参与人数多,"深"意味着尽量让参与者主动思考并结合活动有所行动,有更多收获。青岛理工大学图书馆与各学院班级辅导员开展的"一班一书"活动,就是基于广与深的结合角度设计的。参与者为大一的所有班级,旨在增强班级凝聚力,为大一新生营造一个积极向上的学习氛围。每个班级都选择一本书,一起读,一起讨论,并写出了关于班级共读图书的简介、精彩片段、精彩评论及阅读心得。场面不大,但参与的学生很多,能做到阅读推广中的"广"与"深"的结合。

3. 有声的活动与潜移默化的影响相结合

潜移默化的"默",是"暗中"的意思,指人的思想和性格能在不自觉中受到熏陶感染,《颜氏家训·慕贤》中的"潜移暗化,自然似之"即是此意。推广带有比赛奖励性的活动最有这方面的引导力,可以在参与中比较、在比较中自省、在自省中成长。我们将精品图书展与读书竞赛月结合在一起。读书竞赛是受学生们欢迎的一种活动,竞赛的过程实质就是一次大型的、有目的的图书推介活动,活动中穿插着读书计划、方法等花絮,会场广告栏目里张贴着最后进入决赛的学生最喜爱的图书目录,同时将教师的研究方向及相关藏书信息发布出来,引导学生在阅读中逐渐形成一种专题式的阅读空间。这些信息都能起到从侧面引导学生的作用,没有强制性的规定,只是使大家在这样的文化氛围中受到教育和熏陶,培养有目的、有计划的读书习惯,而不是见什么就看什么。这种有目的的、有声与无声结合的活动,可以最大限度地发挥环境对学生的影响力,可以促使学生思考阅读的问题,从而达到提升阅读质量的目的。

第三节　高校图书馆阅读推广活动的策划流程

一、策划模式

策划的模式不一而足,可以由某个人或一个团队策划,再经讨论定稿。策划需要创新,也切忌闭门造车。要开展多样化、精准化的阅读推广工作,则需内外合力,使图书馆资源与服务最大限度地被知晓、被利用。

（一）头脑风暴法

成功的推广方式首先需要创新性思维。在目前阅读推广活动需要经常有新点子注入的情况下，更需要我们有创新和开拓的精神，活动要具有独到之处，在形式或内容上有所突破。为激发创造力，图书馆在确定阅读推广议题后，应将不同专业或岗位的人分成不同的小组，小组成员在轻松融洽的气氛下就活动方案自由发表意见和讨论。在较少限制的情况下，集体讨论问题能激发人的热情，人人自由发言、相互影响、相互感染，能形成热潮，突破固有观念的束缚，可以最大限度地发挥创造性的思维能力，碰撞出思想的火花。

以武汉大学图书馆 2015 年开展的"首届学术搜索之星"挑战赛策划为例。

首先，明确该活动的主旨。该活动主要是推广图书馆订购的电子文献数据库，让更多的读者熟悉并利用图书馆订购的数据库，提高电子类图书及期刊的阅读量。与活动相关的部门应各司其职，由咨询与宣传推广部统筹，下设策划组、出题组、宣传组、培训组、系统组和"双微"发布组，组员要么在各自岗位积累了较多的经验，要么有较新锐的思维。讨论提倡自由奔放、任意畅想、跨界发挥，主意越新越好，鼓励与会者畅所欲言，互相启发。策划组提出活动策划的阶段方案及整体宣传方案设想；出题组提出出题思路；培训组提出针对活动的培训组织方案设想；系统组提出竞赛网站开发方案设想；"双微"发布组则提出整个周期的活动宣传方案，如何通过各种渠道进行宣传、汇聚人气，形成竞争的氛围。由组内其他人员提出补充建议。围绕搞好活动这个核心，整个活动经过十多轮头脑风暴式的讨论，策划方案在讨论中不断完善，易稿十多次，最终将赛程设置为"号角吹响"全民暖身赛、"虚拟之战"网络选拔赛、"精英计划"学霸集训营及"巅峰对决"现场总决赛四个版块。为配合每一个版块活动，无论在赛制还是题目设置上，主办方都充分了解读者需求，采取读者喜闻乐见的方式。经集思广益、群策群力，活动圆满举行，5000 多人参与，全校 38 个院系中有 36 个院系的同学参加了网上选拔赛，院系覆盖率达 94.7%。活动举办期间，数据库用量处于增长势头，微信涨粉较快，关注人数较多。参与者普遍认为该比赛很有意义，对学生信息检索能力和学术素质能力的提高有极大益处，希望以后能多多开展类似活动和专题讲座。

（二）引入众包模式

众包模式产生于 2006 年，指的是机构或公司把以前由工作人员完成的任务,以自愿的方式外包给大众网络的做法,通俗地说,就是让更多的人参与一个机构的活动,达到集思广益的目的。

有研究认为,图书馆在四个领域应用众包模式,可以提高图书馆服务水平,有效协助教学科研。其中就包括图书馆阅读推广服务。通过众包来吸纳不同文化背景的人员参与阅读推广创意的工作,有助于建立多元化阅读推广服务体系,提高阅读推广活动的创新性和包容性。特别是从图书馆外部吸引人才,广泛挖潜,使他们参与合作过程,策划出适合同龄人心理的活动,吸引更多同龄人参加,以帮助图书馆打开局面。

高校图书馆引入众包模式进行阅读推广策划具有一定的可行性。高校有庞大的学生队伍以及粉丝群,图书馆与各级机构间又有着长久的合作传统,这些因素是图书馆开展众包服务的良好基础。学生组织及社会网络中的粉丝可以成为图书馆众包项目的志愿者,为图书馆完成合作化任务提供保障。在阅读推广的策划方面,引入众包,就是要集众人的智慧,让人人参与,贡献新创意。图书馆利用众包模式,广征活动创意,包括活动方案、活动名称、活动文案等,已有些成功的范例。清华大学图书馆曾举办"我让小图更聪明"创意征集活动,44位师生的创意获奖,优秀创意可进入小图语料库,成为"小图"的知识点。复旦大学图书馆、山西大学图书馆均曾在图书馆网站征集馆徽。将读者和粉丝作为宝贵的资源,巧借外力,能使策划的内容更贴近学生的感受,更受学生喜爱。对部分技术或设计要求较高的项目,可以按项目制的形式交给学生团队策划。

下面为图书馆基于众包模式组织的三个推广案例:

1. 方案一

武汉大学图书馆有意创办读书会,向全校读者和网友征集读书会的点子。经图书馆考核,两个团队和几个音乐爱好者提出的一种新的读书会——集合文字、影像、音乐三种不同形态的读书会形式得到采纳,并最终成为珞珈阅读广场的雏形。这三种阅读形式既可以独立举行活动,也可以合作开展立体阅读。活动主持人也从校内外机构及众多网友中征集,涵盖各个层次,主持人的多样性使读书会充满活力。除学生社团成员、征文获奖作者、读书爱好者,图书馆和社团还积极与校外机构或团体合作,挖掘主持人,扩大活动影响力。

例如,"真趣书社"与湖北人民出版社合作,举办"重回民国上学堂"大型读书会,并邀请武汉高校数十家文学社团参加。影像阅读与FIRST青年电影展合作,播映最新获奖影片,"音乐空间"邀请浙江大学的古典音乐爱好者联盟合作讲授古典音乐鉴赏等。读书会活动目前已连续举办了120多期。

2.方案二

为让学习疲惫的同学有一个休闲放松的途径,武汉大学图书馆计划在每周三推出一款音乐节目,包括古今中外多种类别的音乐。因为考虑到节目名称要贴合休闲的心境且朗朗上口,还要受学生的喜爱,于是图书馆在微博上推出"请你来命名"活动,向校内外粉丝征集名称。学生踊跃参加,投出自己心目中的名称,征集到包括"天空之城""音乐百老汇""音乐随心听""音乐下午茶""惬听风吟"等几十个名称。经综合考量,最终选取"音乐随心听",并将其打造成一个颇受欢迎的品牌活动,现已不间断举办200多场。

3.方案三

该大学图书馆推出座位管理系统。通常关于座位管理系统规则的说明比较烦琐。根据以前的经验,这样繁杂的文字内容,读者很难耐心细致地阅读或认真领会,结果又会引发新的违规,馆员需出面反复解释规则,这造成了人力、物力的浪费。为此,图书馆在大众群体中广征创意,经综合评估,一位大学生的文案脱颖而出,其清晰地阐释了座位系统的规则且文字诙谐活泼。如"我是你的唯一。若你要离开我,请把我的自由还给我……以下行为,将记一次违规:你冒名顶替、脚踏多条船。你决定走了,却对我不放手",风趣的语言吸引了无数同学在现场阅读,在微博上更是吸引了12.2万人阅读,被学生赞为"最萌的图书馆规则版本"。

二、策划思路

(一)与图书馆馆藏资源推介相结合

图书馆丰富多样的资源是吸引大学生来馆阅读或体验的因素之一。高校学生的流动性,注定了图书馆读者的流动性。图书馆的资源数不胜数,但需要图书馆不断推介,才能被大众所知晓。在这个多元化选择的时代,图书馆应加强资源推送的力度,吸引更多的人走进图书馆,让他们了解图书馆、利用图书馆。

(二)与图书馆服务相结合

图书馆的优质服务与阅读推广之间是一种相辅相成的关系。高校图书馆服务项目众多,有借阅服务、视听服务、数据库服务、教学培训、文献传递、学科服务、论文收录引用等,林林总总。阅读推广活动的进行,必定对图书馆的形象有正面宣传的作用,促使更多的读者去了解和体验这些服务。图书馆要结合这些服务,将宝贵的资源推介出去。

(三)与读者需求相结合

阅读推广的目的是吸引读者广泛参与,营造浓厚的校园书香氛围,养成良好的阅读习惯,让全民阅读成为一道亮丽的风景线。同时,要充分考虑用户信息素养的提升,用户信息素养提升了,就可遨游学海,享受"悦读"的情趣,读更多好书。

三、策划流程

(一)"知己知彼",做好前期调研

1."知己"——对图书馆的资源与特色服务进行梳理

策划人员,要对本馆的资源与服务有充分的了解,只有这样才能进行有针对性的推介。一种是依托大众性的资源和服务进行阅读推广策划,如结合好书榜、获奖图书等开展书展和读书会;一种是挖掘图书馆特色资源和服务,进行阅读推广策划,推出专题活动。如清华大学图书馆在第102周年校庆日来临之际,推出首期专题书架——"清华人与清华大学",活动从校图书馆(逸夫馆、老馆)馆藏中精选138本图书,这些图书有的是官方校史,有的是校友忆作,有的是校史研究著作,还有的是清华子弟的回忆文章;武汉大学图书馆针对自己的馆藏特色资源,推出"馆藏特色文献推介展",设置民国文献、港台文献、抗战专题文献、诺奖文学专题、边界研究专题等五大专题。

2."知彼"——了解读者才能进行针对性推介

新信息环境下,互联网上的新创意层出不穷,很容易转移读者的注意力。很多高校图书馆在策划活动时,往往依据惯性思维,事先没有调查学生的阅读兴趣和实际需求,与读者沟通不足,获得的用户体验数据偏少,欠缺双向深层次交流,导致策划活动的参与者较少。

图书馆要紧跟时代发展,了解"90后"的心理,融入快乐推广的理念。通过在图书馆与读者间建立一个亲和的"媒介",搭建良性互动的平台,将活动的推广方式打造得活泼、有趣,迎合读者的喜好,从而与读者产生共鸣。

（1）通过前期调研了解读者的需求。阅读推广活动的前期调研很重要。强调以读者为中心，重视读者的体验，充分了解高校读者的阅读兴趣和阅读爱好，针对高校用户读者的兴趣爱好进行选题策划，让读者真正成为阅读推广活动选题策划的参与者。

通过观察或对读者调查、访谈、座谈，设置建议箱，图书馆流通数据分析等方法多方面了解读者需求。调研的方式包括问卷调查、有奖问答、现场采访调查等，可以通过在社交网站、微信、短信、图书馆主页发放调查问卷、电子邮件进行调研，获取调查数据，也可以充分利用图书馆的官方微博和图书馆馆员的个人微博与读者互动，听取读者的意见。在进行调查时，调研者要对大学生读者群进行细分。如本科新生的座谈会、高年级本科生的调查表、硕士生和博士生的需求访谈等。此外，要特别注意了解人文社会科学学生与理工科学生的需求差异。

（2）根据大学生阅读类型进行推介。大学生阅读的类型可分为目的阅读型、从众阅读型、随意阅读型。目的阅读型读者有较明确的目的，他们会根据需求选择图书，如阅读考试类书籍、英语学习书籍、论文写作书籍、小说等，这类读者往往有明确书单，图书馆可根据这类读者需求补充馆藏，引导其阅读更多相关书籍；从众阅读型读者，大部分是别人读什么，他就读什么，对这类读者可重点进行荐读服务；随意阅读型读者数量较多，这类读者到图书馆往往没有明确的目标，在书架中看到心仪的书就随意看，一般也不会深入地读某本书，可以通过开具书单对这类读者进行引导。

（3）阅读推广时机的选择。阅读推广时机的选择很重要。例如，对刚进大学的学生推荐论文写作方面的书籍，效果不会太好，适时适宜地开展荐读活动才会有比较好的效果。每年9月份，大学新生到校，图书馆阅读推广的重点可以围绕大一新生进行，帮助大一新生更好地适应大学的学习和生活；每年11月可以针对研究生进行课题或专业写作方面的书目推荐；每年5～6月可以针对毕业生开展创业方面的书目推荐或讲座。

（二）确定活动意向

图书馆阅读推广的总体目标是推广资源与服务，但一项具体活动的开展，需要有一个清晰的意向，这样策划才有明确的方向。

从近几年阅读推广活动的开展来看，我们可将活动意向初步归纳为以下几种。

1.引导阅读

引导阅读主要是开展专题书目推广或书展。这些活动策划主要立足大学生读者的阅读推广,倡导健康的阅读风气,兼具知识性、思想性和趣味性。

2.引导学术、思想、文化的交流和分享

(1)大型讲座。各类型文化讲座,促进文化传承和创新。

(2)小型读书沙龙。欣赏文艺作品、分享阅读感悟、培养人文素养的阅读交流平台,强调交流和分享。

(3)真人阅读。以面对面的形式沟通,分享多样人生经历和感悟,励志成才。做到人即是书,书即是人,人书合一。

3.阅读感悟和分享

(1)读书征文。强调以阅读感想和阅读思考为中心,写出自己的见解和真情实感,可读性强,对同龄人有启发。

(2)书评大赛。可以是不同主题的书评大赛,或网上微书评活动,字数不限,强调感悟。

4.提升资源的推广利用

(1)可针对电子资源举行"学术搜索之星"挑战赛,或数据库有奖竞答等活动。

(2)可针对纸本资源举行"找书达人——图书搜寻大赛"或书山寻宝类活动,让新生通过比赛的方式学习与索书号相关的知识,更快速、更准确地找到所需的图书。

5.加强阅读资源的循环传递

图书互换会、图书漂流活动可让读者各取所需,让书籍流动到最有需求的人手上。

6.加强阅读的示范效应

"借阅之星评奖""读书之星比赛"等活动可以用身边的实例激发学生的阅读兴趣。

（三）确定选题

实践中，初步确定要开展哪一方面的活动，如书展或读书征文；但确定"选题"往往又是一个难点，常常会为想不出一个好的主题而烦恼。如果不想落入俗套，使活动接地气，且让其具有学术性、时事性、知识性、趣味性，可参考以下方法。

1. 关注社会热点

大学生获取信息的途径有很多。微博、微信以及各大主流媒体每天推送的新闻很多，图书馆如果能将活动与热点有机结合起来，就能瞬间抓住大学生的兴趣点。例如，在莫言获得诺贝尔文学奖后，图书馆推出诺贝尔文学奖获奖作品的推荐书目，就能及时抓住大学生的眼球；借中国药学家屠呦呦获诺贝尔奖的契机，武汉大学图书馆一方面推出中医药书籍的专题书展，另一方面在信息搜索大赛中推出"屠呦呦发表的一篇文章《中药青蒿化学成分的研究》引用率很高，通过中国知网查找，这篇文章被引用了多少次？"这样类似的微博抢答，使图书馆瞬间吸粉无数，产生了相当不错的反响。

2. 关注文化机构的热点

一些文化机构，如新闻社、出版社、学校、书店等的活动和网站是策划人员需要经常关注的。年度好书榜、文学奖获评图书等都可以作为活动主题，由此策划一系列活动。例如，上海交通大学图书馆的"好书中的好书"主题书展；华中科技大学图书馆的新浪读书和凤凰读书网等媒体好书榜推荐书单等，都可以作为不错的选题。

3. 结合节日或纪念日确定选题

节日或纪念日通常蕴含着一定的历史文化内涵或跟某个重大历史事件相关。借助节日或纪念日开展活动，可使读者亲近传统文化，夯实文化底蕴，提高人文素养。例如，在端午节举办屈原古诗朗诵赛；上海交通大学图书馆曾推出"元宵节和图书馆在一起，猜灯谜，留感想，品美味活动"；清华高校图书馆推出"了解女性专题书架"；结合"纪念中国人民抗日战争暨世界反法西斯战争胜利70周年"，武汉大学图书馆举办了相关的抗日系列书籍推荐阅读书目和书展；2016年是汤显祖和莎士比亚逝世400周年的日子，北京师范大学图书馆举办了

"致敬大师；汤显祖与莎士比亚"立体阅读，融专家讲座、主题书展和影像展播于一体。这些活动都能引起学生共鸣，提高学生的参与度。

4.结合本校特色、重大活动和校友等选题

阅读推广活动还可以与本校特色、重大活动（如校庆、馆庆、纪念日）、校友等紧密结合，吸引更多学生关注。如清华大学与校庆日结合的"清华人与清华大学"专题书展，清华大学图书馆结合百年馆庆开展岁月留痕、清华藏珍、馆庆书系、系列展览等活动；北京大学图书馆结合秋季迎新推荐书目，围绕"认识北大、热爱北大""适应北大、享受北大""走近大师、提升素养"等主题，精选了一批适合新生阅读的书，收到了不错的反响；武汉大学图书馆毕业季在线上、线下推出知名校友雷军的书单，将雷军精心挑选并大力推荐的十本书作为温馨"礼物"送给毕业生。

(四)实施策划

1.整体规划

图书馆的活动根据高校本身的学期特点及学生利用图书馆的规律，基本可分为常规阅读推广活动、专题阅读活动，以及吸引人眼球的创意推广活动。图书馆可根据自身特点开展不同形式的活动。

整体规划需明确的主要问题有：活动主旨、活动主题、活动时间跨度、活动组织方和合作方、活动主要内容、活动的进度、活动子项目的任务分工的落实、活动经费预算、活动预期效果、效果评估方法等。整体规划主要从全局统筹阅读推广活动的内容、人力、财力、物力、技术、时间与空间等资源的分配。以上各项内容都要考虑周全，从必要性和可行性两方面进行决策。特别要注意，一定要在策划与实施间寻找平衡点，由于现实条件的限制，有些非常好的创意往往难以实施。

2.设计活动方案

在整体规划的统筹下，对于各个推广阅读的子项目，还要设计具体的实施方案，实施方案一般由子项目负责人根据统一要求起草制定。实施方案解决的问题更加具体，包括要做什么、怎么做，以及事后的评估怎么做。

要做什么，即确定活动主题、活动对象、活动内容、活动形式。

怎么做，即确定活动管理方式、活动人力安排、时间安排、活动奖励方式、合

作方式以及活动宣传方式（纸媒宣传及微博、微信、图书馆网站、合作网站等新媒体的宣传）。

活动主题要鲜明有力，活动名称要贴合学生的心境且朗朗上口，活动文案的文风要活泼幽默。

四、策划的关键点

高校图书馆阅读推广活动的目的是培养读者的人文素养，推介图书馆的资源服务，从而提高读者的综合素质。推广活动是保证读者阅读权利、提高读者信息素养的需要，也是发挥图书馆社会功能乃至构建学习型图书馆和学习型社会的需要。只有充分发挥阅读推广的作用，才能更好地改善读者的阅读现状，提高读者获取信息的能力。高校图书馆在阅读推广中要注意以下几点。

（一）做好顶层设计和规划

读者阅读习惯的养成、阅读文化的培育以及对资源服务的了解和充分利用，并不是搞几次突击式的活动就可以实现的。为了营造良好的读书氛围，树立图书馆文化建设的品牌，高校图书馆需制定或完善推广政策，保障阅读推广活动的开展。

高校图书馆要根据需求，规划推广活动的类型和规模。推广服务的本质是要适应读者群的兴趣和接受方式，为读者提供更好的资源，让读者体验更好服务的同时提供快速表达诉求的渠道。从高校图书馆目前开展的推广活动来看，总的来说存在很多同质化活动。要想吸引读者且有创新性和特色，需要组织者多方调研，既要了解读者的需求和喜好，也要符合本馆现实条件。新活动的实施需要经过较长时间的规划与设计。根据学生入学时间和学习规律，春季学期推广阅读，秋季学期推广资源和服务较为适宜。

（二）策划时要考虑活动的可持续性和品牌建设

从高校图书馆文化活动来看，各种活动各有侧重。如书展、阅读征文、读书沙龙、微书评、诵读比赛有利于深化阅读；名师讲座、推荐书目、信息培训、知识竞赛彰显了教育使命，保障了信息的获取；优秀读者评选、读者座谈会、爱书护书宣传、图书互换、图书漂流、问卷调查、读者沙龙等可以营造和谐的图书馆关系；艺文展览(包括书画展、摄影展)、设计比赛、视频比赛、影视欣赏则可以提高参与者的人文素养和艺术鉴赏力。

在策划活动时,要充分考虑活动的可持续性和品牌建设。品牌塑造,可提高活动的"吸睛度"。图书馆利用自身资源、服务或人力优势,建设独具特色的文化活动,形成图书馆常规活动,达到让读者耳熟能详,就可形成品牌。品牌文化活动会激发读者的参与,增加互动性,对培养良好的读者群体具有积极意义。各图书馆都着力打造自己的推广品牌。清华大学图书馆的"爱上图书馆"系列、武汉大学图书馆的"拯救小布"系列游戏、同济大学图书馆的"立体阅读"、重庆大学图书馆的"不见不散毕业生歌会"以及"文化衫设计大赛"、郑州大学图书馆的"读书达人秀"、湖南大学图书馆的"一校一书"精读推广活动等,均成为各馆着力打造的品牌。设计、推广、传播,进行持久的传播推广,都是在持续地提升品牌形象,增加品牌价值。

(三)不可忽视阅读推广活动的人文关怀

图书馆是人类的精神家园,图书馆的人文关怀就是要在图书馆中营造良好的人文氛围,而活动的策划要多站在大学生的角度思考问题,倾注人文情愫,体现人文关怀。

名师讲座作为接受教育、吸纳知识、交流信息、品味高雅文化的社会课堂,体现了图书馆的人文关怀,以精神养料丰富了大众的休闲生活。形式多样的导读和推荐书目引导学生多读人文经典书籍,起到塑造人格、陶冶情操、感悟教化的作用。诸多图书馆开展人文书展,都丰富了其校园文化内涵。

图书馆要对新生及时介入。让新生参观图书馆,做好入馆宣传教育,及时制作供新生快速入门的引导性网页,开发适应新生特点的轻松活泼的答题寻宝模式,引导新生主动了解图书馆的资源和服务,熟悉图书馆的环境,激发新生对图书馆的兴趣和喜爱。图书馆对新生读者的这种人文关怀,可使他们尽快了解图书馆,主动来图书馆阅读,创造相互信任和理解的关系,为图书馆更好地开展服务打下良好的基础。毕业时节,图书馆可以开展一系列毕业季人文关怀活动,让莘莘学子带着图书馆的知识和祝福走向新的人生征程。

(四)善用新技术和新媒体

在阅读推广过程中,技术的应用随处可见。技术不仅为推广活动注入了新的活力,也使推广活动更前瞻高效。社交网络服务和大数据服务是其典型代表。社交网络服务通过用户之间的分享、参与及互动,正在悄悄改变着用户获取信息的方式。众多图书馆加入社交网络中,为图书馆拓展服务提供了更多的途径,也为读者获取信息提供了更多便利。

微博、微信等社交网络服务都是新媒体环境下图书馆服务的延伸。不少图书馆在各大门户网站认证的微博,成为图书馆与图书馆、图书馆与用户之间沟通的良好平台。微信公众平台在消息推送、即时阅读、自助服务方面具有很大的优势,作为推广阅读和提升品牌影响力的重要工具,越来越受到图书馆界的重视。通过微博和微信,图书馆发布与阅读推广相关的信息有:图书馆推广活动公告和前期宣传;讲座、培训等信息通告;新书通报、好书推荐;艺文展览;宣传活动互动及速递;宣传活动总结。目前,很多图书馆均将微博和微信联动使用,将活动以图文及音视频形式进行报道,这对于互动量和关注量都起到了极强的拉动作用。

大数据时代的到来,使图书馆对读者的阅读需求、阅读行为、阅读情绪和阅读满意度的细节化测量成为可能。图书馆若对所采集的读者阅读行为数据和社会关系数据进行有效分析,并能在复杂、零乱的数据背后准确发现并预测出读者的阅读行为习惯、喜好和需求,那么将会为规划和设计更好的阅读推广策略打下基础。大数据在图书馆中的应用,还体现在为读者定制读者使用分析报告、制作毕业生利用图书馆报告以及为每位毕业生制作属于自己的图书馆生活纪念册。

从目前的图书馆推广工作来看,图书馆对技术与设计人才的要求越来越高。要打造"酷炫"的效果,需要先进的技术和精致的设计支持。无论是开发游戏或移动客户端,还是机器人的智能功能,对技术和设计的需求都越来越高。因此,技术和设计二者需要密切配合。

(五)利用广泛的合作推动阅读推广活动实现跨越性提升

阅读推广活动要办好,光靠图书馆一家甚至图书馆内某一部门、某一人之力是不够的。只有利用广泛的合作,对资源进行优化整合,才能推动阅读推广活动实现跨越性发展和提升。

推广活动主要由图书馆组织和发起。首先需要建设一支专业素质过硬、精神面貌良好的阅读推广人员队伍,如活动设计、宣传品设计、网页建设等人员,使推广活动能以海报、电子屏、网页等各种精美形式及时呈现,达到立体宣传目标,保障推广活动的互动参与性。

由于高校图书馆推广活动面向的读者类型多样,且个性化需求明显,所以除了需要进行充分的馆内合作外,还需要其他部门的通力合作,如宣传部、团委、教务部门及各院系等,并邀请学校有影响力的专家教授,定期为读者提供专业领域图书的阅读指导,交流阅读体会及经验,从而形成强大的校园影响力,广泛促进高校学生阅读。

学生会、学生社团是最能够贴近学生读者的组织。在开展活动中有较好的亲和力和感召力,并且学生社团中有各种专长的学生,他们为阅读推广活动提供了人力支持,可推动校内阅读组织的成长和壮大,把读书会、读书沙龙等纳入整个图书馆阅读推广体系中来,壮大阅读推广队伍。

五、成功案例——以延安大学为例

延安大学图书馆阅读推广特色举措:①发挥学生服务组织——图书服务协会的自主管理作用。②向广大读者推送经典图书的同时,组织延安大学的学生宣讲团走进敬老院,为老人们开展好书推送等活动,让老人们的生活更加丰富多彩。③多举措开展"好书推荐"活动。一是将图书馆内的经典图书目录整理成册,以电子版和纸质版等形式向广大师生进行大力推送;二是通过在校园内设置多个阅读站点,常态化开展"学习延安精神,品味书香底蕴,共建文化校园"大型阅读推广品牌活动,以便于师生随时随地进行朗读和阅读交流活动。④通过设立图书漂流站点,并设置读者感言册,随时记录每一位读者的心声和读后感;也可以留下自己的联系方式,寻找有缘人,由专人定期收集整理,并在公众号进行宣传和表扬,让快乐阅读和诚信阅读随书漂流。⑤开展户外演讲比赛和读友联谊活动。通过活动引导广大同学周末放下手机,走出宿舍,拥抱大自然。⑥4.23世界读书日系列活动。联合部分二级学院举办"好书伴我行,书香飘校园"好书推荐活动,以拓宽师生视野,提升阅读能力;开展名人名录有奖竞答,引导学生走进图书馆,走进书海,更多地感悟图书的魅力;开展"读书伴我行,快乐你我他"读书专题会,邀请专业老师指导学生读书的技巧和方法,帮助他们体会读书的乐趣,认识读书的重要意义,明确读书的目标和任务。

第四节 图书馆阅读推广活动品牌化

为了让不了解阅读的人了解阅读,让了解阅读的人爱上阅读,高校图书馆开展了各种类型的阅读推广活动。他们积极响应大学文化传承创新使命及相应要求,参与人文素质教育,加强读者信息素养教育。如复旦大学图书馆的图书"漂流"、同济大学图书馆的"立体阅读"、华东师范大学图书馆的移动阅读、上海交通大学图书馆的"鲜悦"(living library)、四川大学图书馆借助经典 AIDA 模型制作的"光影阅动·微拍电子书"、武汉大学图书馆举办的"真人图书馆"等活动。这些有效尝试都是全方位、多层次、学生易于接受的活动形式,意在创新高校图书馆服务模式,将这些活动办成独特的品牌,在读者中形成较大的影响力。

一、"品牌"的概念

在企业管理活动中,品牌是一个企业的产品质量、价值、价格以及企业形象、知名度、信誉度和服务水准等的综合体现。因此,品牌是品质的保障和形象的体现。品牌一旦形成,将会是一种无形的资产,具有强大的竞争力与目标拓展空间。类似于市场竞争,高校图书馆阅读推广工作不妨运用营销理念,用品牌意识打造一些精品活动项目。品牌活动蕴含最持久的价值、文化和特色,通过有意识的品牌经营,将阅读活动与大学生的素质拓展、能力提升、专业发展进行有机结合,让读者参与其中并受到精神洗礼,从而建立起对品牌的归属感和依赖感。

品牌活动在其前进与发展过程中不断凸显自身的特色与实力,它是大学图书馆增强核心竞争力和可持续发展的需要,也是图书馆在新形势下不断开拓创新、促进事业发展的新动力。利用品牌的磁场效应和扩散效应,一方面,品牌活动在读者心目中拥有较高的知名度和威望后,会如同磁石一样强烈地吸引着更多的读者参与;另一方面,会产生"爱屋及乌"的效果,加深读者对图书馆的印象,进而对图书馆产生好感。高校图书馆应该以阅读推广活动为契机,努力寻求品牌活动的支撑点,在品牌建设上下功夫,努力打造个性化的阅读推广品牌活动,形成持久的影响力和特有的魅力,利用品牌的强大感召力推动图书馆事业的全面发展。近些年,顺德职业技术学院图书馆正是基于这种思考,通过改革创新和努力实践,不断致力于构建读者心目中的品牌活动。

二、高校图书馆阅读推广活动品牌的构建

(一)品牌构建原则

高校图书馆阅读推广活动品牌构建须遵循以下两方面原则。

1.个性化原则

个性化原则是指品牌活动区别于其他活动所体现出来的深刻文化内涵或特色。品牌活动理应彰显图书馆的文化特色,塑造活生生的品牌个性,深入读者的心灵,产生活力、亲和力、沟通力,让他们不知不觉地接受、认同、喜欢它。

2.系统性原则

活动品牌的构建是一项系统性工程,它涉及了多方面的因素。这需要图书馆增强品牌意识,合理利用有效资源,统筹规划活动的长远发展目标,制订详细的活动策划、宣传、实施方案,坚持有计划、有步骤地组织,并不时地对活动开展效果进行评估和总结,不断加强品牌活动的完善、培育和管理。

(二)品牌定位

所谓品牌定位,对于生产企业而言,就是使所有的产品品牌在顾客脑海中占领一个有利的位置或取得一个无可替代的位置;对于阅读推广活动而言,是指建立或塑造一个与目标对象有关的品牌形象的过程与结果,它在很大程度上反映了读者参与活动的情感诉求。品牌定位的准确与否将直接影响着目标活动的延续与发展。为此,应在各种形式的活动开展中努力寻求目标活动定位。

(三)品牌的基本要素

高校图书馆打造一个阅读推广活动品牌,需要培育和完善一些基本要素,主要包括:

1.活动名称和标识

要塑造一个活动品牌,给活动起一个好名字也是非常重要的一环。活动名称要做到好听、好记,使人听起来舒服、悦耳,朗朗上口,易于记忆;活动标识要做到好看、特别,以精巧的构思突出个性,于有形处展示自己的特点,使人看后赏心悦目。

2.活动内容和形式

高校图书馆主要面向的是一群富有个性、思维活跃、易于接受新生事物的大

学生读者,因此,读者活动必须在内容上贴近大学生的生活和心理需求,在形式上紧跟时代,不断创新,将知识性、实用性趣味性相结合,逐步形成自己的特色。

3.活动受众面和知名度

品牌活动在一定范围内必须具有比较广泛的受众面和知名度,如若只有几个或几十人知晓,都形不成品牌。因此活动首先必须要具有可持续性,以此拥有相对稳定、固定的受众群体,有了他们的不断参与和认可,势必影响到更多的读者参与。随着受众面的不断扩大,其品牌知名度也就慢慢形成了。

4.品牌塑造

图书馆阅读推广活动品牌的形成不是一蹴而就的,它是根据市场品牌运作规律和读者活动的目标定位及自身特点,按照一定的运作流程来逐步实现的。构建读者活动品牌一般包括策划、包装、宣传、实施、跟踪报道、优化推广等过程。

(1)策划。策划是指将读者活动打造成品牌所要实施的全方位策略和计划。它既需要以长远的战略眼光对活动进行宏观定位和目标规划,也需要以有效的实施细节对活动品牌构建过程中的各个环节予以详尽的设计。

(2)包装。包装是指活动在固定的冠名、固定的标识图案、固定的周期(如周、月、双月等)和固定的时间等方面都需要进行适度的外在形体包装,久而久之会在受众读者中形成一种"固象"。

(3)宣传。宣传是树立品牌形象和活动顺利开展的重要环节。通过活动包装的宣传,打造读者活动总体的视听识别系统,通过活动信息的预告,激发读者的参与欲望。

(4)实施。实施是指按照前期的活动策划有计划、有步骤开展活动的整个过程,也是决定活动组织效果的核心环节。实施过程中,活动现场的调控活动细节的把握、活动形式是否有创意、活动内容是否深刻等,都直接影响着读者对活动的认可度和参与兴致,从而决定了活动能否持久生存并形成品牌。

(5)跟踪报道。跟踪报道就是对活动开展过程中的每个细节进行跟踪,活动结束后再通过多媒体或图文并茂的报道以网站发布、板报等形式进行宣传。从某种意义上说,后期报道宣传比前期宣传更重要。通过报道活动的动态消息、精彩画面、现场侧记等,不断向读者展示活动的内涵和意义所在,扩大活动在时间、空间和深度层面上的影响,从而为品牌的形成做舆论准备。

（6）优化推广。优化推广是指通过收集读者参与活动后的效果反馈，及时地对活动实施过程或环节进行优化调整，同时向读者展示、推荐与活动主题相关的图书馆资源，以资源来推广活动，使活动内容进一步深化，让读者能真正从活动中受益。

三、构建阅读推广活动品牌若干问题思考

（一）以读者为中心，提炼活动的核心价值

品牌核心价值是品牌资产的主体部分，它让消费者明确、清晰地识别并记住品牌的利益点与个性，是驱动消费者认同、喜欢乃至爱上一个品牌的主要力量。因此，如果要打造一个阅读推广活动品牌，首先，我们要以读者为中心，深入了解读者的心理诉求和外在需求；其次，要树立品牌意识，不断挖掘或提炼活动的核心价值，当这种核心价值与读者产生共鸣时，读者参与活动的积极性会增强。核心价值不是活动自有的，它植根于读者心智脑海，必须要站在读者的一方来定位品牌的个性与诉求，让读者来识别、认知、体验。当读者活动所发出的"精神频率"与读者的需求完全吻合时，读者才能认同、喜欢，活动的个性形象才能进入读者内心世界，品牌的核心价值才能刻画到读者的脑海里。

（二）以策划为关键，树立活动的品牌意识

树立图书馆活动品牌意识并加强对其培育，说到底是新形势下图书馆事业向前发展的需要，它是图书馆建立未来竞争优势的基础。因此，树立图书馆活动品牌意识是图书馆人，尤其是图书馆的领导者必须具有的一种创新意识。当今五花八门的读者活动竞争的实质就是追求一种品牌效应，那么如何基于品牌意识进行活动策划就显得尤为关键。高校图书馆要寻求品牌的支撑点，在品牌策划上下功夫，通过有意识的个性化品牌策划，让图书馆活动与大学生的素质拓展、能力提升、专业发展结合起来，学生可以在参与品牌建设中获得实益，从而建立起对品牌的归属感。

活动策划中的品牌意识不仅是思想上的一种战略性思维，更体现在活动策划的各个环节中。从活动的包装、宣传、组织、跟踪反馈到优化管理等过程，每个细节都应以品牌创建为出发点，不能只图眼前的轰轰烈烈和短暂的效应，而应立足于长远的、可持续的品牌活动建设目标，巧妙构思、精心策划，从而为活动的品牌建设和发展奠定坚实的基础。

(三)以宣传为重点,开创多种推广形式

品牌推广是决定品牌价值和品牌文化形成的重要力量,好的品牌时刻都在致力于向各个接触点传播明确一致的品牌信息。加强读者活动的宣传报道是吸引大学生参与,促进活动顺利开展,提升活动影响力的重要手段。

图书馆应制定科学的活动宣传推广方案,如活动前期的宣传,以引发读者关注、树立品牌形象为主,便于加深读者对活动的了解。后期的活动跟踪报道和推广便于读者直击现场,可以提升参与者的自豪感和未参与者的参与欲望,以引发高度关注度、提升品牌知名度为主。可以利用海报、校园网和报纸、论坛等工具从视觉方面打造强力宣传攻势,同时也可通过广播、现场报告会等方式进行听觉系统的刺激和宣传。

(四)以协作为契机,构建广泛合作平台

开展阅读推广活动是图书馆的基本职责和义务,但很多时候活动品牌的创建仅靠图书馆的力量会显得力不从心,难以取得成效。

一方面,高校图书馆要从战略高度重视阅读推广活动,逐步完善活动运行机制,充分利用自身馆藏和人力资源,发挥主导作用。

另一方面,图书馆要努力协同学校和社会各界力量共同开展活动,扩大活动的辐射面,创建有影响力的品牌活动。首先,要争取学校领导的重视和支持,并与学工处、团委等相关职能部门协作,利用各自的优势,共同推进校园文化品牌活动建设;其次,要加强与学生社团或读书志愿者组织合作。他们作为活动的组织者和参与者,既强大了组织者力量,又起到了重要的宣传导向作用;最后,要联合相关高校和公共图书馆,整合图书馆界共享资源,扩大阅读推广活动的影响力。

(五)以新媒体为辅助,打造线上+线下合作系统

1.搭建多媒体平台

如果高校图书馆希望以品牌化的形式出现在人们的视野中,就需要调整主体思维,掌握读者阅读趋势,打破传统宣传理念,合理利用、管理图书馆新媒体平台,在图书馆官网、微信公众号、院系服务 QQ 群等多媒体渠道进行内容编辑与发布,保证信息的时效性,扩大宣传范围,方便读者多途径获取图书馆资讯。

2. 内容设计与制作

图书馆应以读者为本,除了文献检索借还、活动通知、图书推荐外,还可增加经典共读、文献共享、数据库建设、云视听、名家讲坛内容,为师生塑造愉悦舒适的阅读环境。线上开展信息推送,书籍推荐、专题系列讲座等,线下知识性、服务性活动做支撑,突出特色,科普知识。利用与学校相关办学特色,推广学科知识、打造应用场景、分析学科在国内国际发展现状与趋势研究等,增强高校图书馆品牌化建设的影响效果。

3. 技术驱动完善服务体系

利用新媒体技术搭建互动平台,进行信息推送、问题咨询与解决;融合其他智能技术的实践与应用,如数字图书馆、O2O 社群阅读,VR 全景技术以及基于人体生理信号测试的阅读治疗等,将物理空间与虚拟空间相结合,使图书馆阅读推广不再局限于原来固定不动的空间,多层次嵌入式地进行阅读推广活动。这对于提高学生对图书馆认知,完善图书馆服务体系发挥着重要作用。

4. 培养专业人才

图书馆的价值在于让知识的获取变得更方便。随着新媒体技术的进步,传统图书馆的服务技术体系面临巨大挑战,新媒体的图像制作、视频拍摄制作、直播人才培养、系统软件开发、硬件辅助设计等多门类、多学科的技术挑战越来越多,培养图情体系下"一专多能"的新媒体技术人才需求越来越迫切。从原来的文献工作者变成知识传播工作者;从之前的人海战术变为具有学科专长、情报能力和会使用新媒体工具的专业人才是新时代图书馆人才培养的新要求。

四、品牌化阅读推广活动预期效果

图书馆品牌化的阅读推广,在实践中可充分发挥场景优势。通过统筹图书馆现有资源,结合多媒体融合、交错推广,以服务读者的态度营造美好阅读氛围,同时覆盖线上线下,系统性地进行知识输出,帮助图书馆服务工作健康有序地发展,打造符合"图书馆"气质的可持续推广模式。

在建立长效阅读推广机制的基础上,综合数据显示,调研推广活动对纸质图书借阅量、电子图书阅浏览量、入馆量、阅览室座位预约量、图书馆网站及微信公众平台访问量等有不少影响；其中，门禁系统记录的读者入馆量、图书馆官方网站访问量和图书借阅量汇总数据的增幅都是最为明显、最为直接的反应。

丰富、新颖的活动内容使图书馆在对外宣传和培养读者兴趣方面收效显著。品牌化阅读推广活动，既可发挥其文化价值，逐步扩大影响力，提升师生文化修养，又可使其对品牌产生依赖性，提高读者黏性与忠实度。

第五节　建立完善阅读推广的评价体系

对于阅读推广活动（以下简称"活动"）的评价日益受到研究者的重视。活动评价指标已经在一些文献中出现，有的是针对儿童阅读推广活动的，有的是针对高校阅读推广活动的，有的在"全民阅读体系"中也有涉及。这些文献由于篇幅的限制，对于指标的来源缺乏深入的比较和分析，也没有对活动评价指标进行全面分析和概括。本研究将阅读推广活动分为三个层次：单个阅读推广活动、某单位一段时间内的阅读推广活动、某区域一段时间内的阅读推广活动。在上述文献的基础上，结合现有对于图书馆相关评价标准等文献研究，并考虑到阅读推广活动属于社会、文化、教育活动的一部分，借鉴公共部门绩效评价、公共项目评价的研究，以及其他社会、文化以及教育活动等评价的研究成果，分析阅读推广活动评价的内容、目的、方法、标准，提出阅读推广活动的评价指标体系。

一、对相关文献提出的阅读推广活动评价指标的分析

（一）近年来国外文献关于阅读推广活动评价的分析

R. Needlman 等将 45 个 6 个月到 6 岁的儿童分成两组，让他们在父母的陪伴下进行朗读技能提升的研究，通过观察和反馈的方法，可以有效激励父母训练和提高儿童的朗读技能。这种观察和反馈的实验方法有利于阅读推广活动评价的实施；D. Brosio 等对促进患者阅读的恢复性策略进行实证研究，发现阅读修复效果主要体现在：公共空间内私密空间的发展、过程的主体化印。可见，针对特殊人员的阅读提升主要取决于阅读空间的创建和阅读主体在阅读过程的自主性。

阅读推广活动评价依据需要参考阅读空间和用户自主性两方面。

O. Christine 等研究了不同程度指导母子共读对于孩子认知能力的影响，评估了"投入（赠书、辅导、阅读时间长度和频率）与产出（词汇理解和掌握、认知和社会情绪能力）的关系"。这是一种针对阅读推广活动进行评价的案例，研究结果肯定了专业指导下的图书赠送活动对弱势群体及家庭阅读的帮助和促进作用。投入与产出评价是阅读推广活动评价的方法之一。H. Gum-Sook 等开发了阅读推广方案的评价工具，对韩国的"阅读文化提升方案"进行评价，找出政策与规划中存在的问题，并提出改进策略。这对于区域以及国家层面的阅读推广活动评价有所帮助。M. Baro 等基于定量数据和图书馆管理者的看法，对加泰罗尼亚 320 家公共图书馆的阅读推广活动进行评价，发现影响阅读推广活动效果的因素有：为图书馆提供外部资助的外部服务计划开展的活动、图书馆工作人员数量、计划活动的总数量、图书馆工作人员和活动数量的相互作用等。

国外对于阅读推广活动评价的研究，主要是对单个、具体的阅读推广活动的评价，也有对阅读推广活动计划或方案的评价，或对某一类机构阅读推广活动的评价。但是对阅读推广活动以及评价的全面性分析的成果还不丰富，值得借鉴的文献较少。

（二）国内文献中阅读推广活动评价指标的分析

王素芳等提出了"图书馆儿童阅读推广活动评估指标体系"，其中包括 3 个一级指标、13 个二级指标和 50 个三级指标。该指标体系既有针对单个阅读推广活动的指标，如组织者人数、组织者学历、组织者专业能力、政府对活动的支持度、社会组织参与度、专家学者参与度、志愿者参与度等，又有针对某单位一段时间的阅读推广活动的指标，如常规活动数量、特色活动数量、活动类型的丰富度、家长群参与度等。还有些指标是在不同单位之间进行的对比的指标，如交通、环境等三级指标。

尹秀波从读者的角度，提出 4 个指标、17 个分项指标。论文以读者的角度来评价阅读推广活动具有根本性的意义，但将"阅读能力"分为收集、概括、解释和评价信息能力有待商榷。他提出的"读者满意度"是针对阅读推广活动，其余的 3 个一级指标就是读者参与阅读推广活动后比较得出的结果。如果能把读者对于阅读推广活动的看法进行细分，如期望值、感受值等，会更加具体。

卢苗苗和方向明设计了高校图书馆阅读推广活动绩效评估指标体系，分为

5个一级指标、32个二级指标。总体上看,其指标体系较为全面,且强调面向参与者。但问题在于,该评价主要是针对某单位一段时间内的阅读推广活动的评价,其中一些指标如"活动内容、活动形式、活动组织过程、互动性、吸引力"用于单个阅读推广活动更合适。另外"活动绩效"和"参与者收益度"交叉,但该文中的"活动绩效"的二级指标主要是评价图书馆的资源和服务。

余小玲参考了"ISO质量评估体系"和"Lib QUAL＋评估体系"后,提出了4个指标内容和16个评价维度。文中说明馆藏文献资源、设施设备资源这两个指标内容是阅读推广活动评价的基础和保障,将"阅读推广活动过程"和"阅读推广活动结果"这两个指标内容作为整个阅读推广活动的核心评价标准。但是该文缺乏用户在阅读推广前后的阅读行为、阅读心理以及阅读质量的比较的指标。另外,对"评价维度"的权重和"读者具体评价标准要点描述"的量化分值没有说明过程。

岳修志针对高校阅读推广活动,提出了基于大学生和图书馆两个方面的评价指标。这两方面的评价指标没有重合度,但缺乏相关性。另外,在大学生方面,满意度是否可以作为一个终极评价指标还有待商榷。

比较上述文献提到的一级指标或维度见表6-2,对于阅读推广活动的评价,尹秀波从读者的角度来评价,抓住了阅读推广活动评价的根本;余小玲从阅读推广活动的基础、过程和结果三个要素来评价,是把阅读推广活动作为对象进行评价;岳修志从读者和图书馆两方面评价阅读推广活动,对于参加阅读推广活动的对象进行评价,没有考虑到活动宣传的影响效果;王素芳等、卢苗苗等不仅从图书馆和参与者的角度评价阅读推广活动,还从宣传效果或社会影响方面来评价阅读推广活动,考虑了阅读推广活动因为媒体宣传可以对没有参加这些阅读推广活动的人群产生的影响,是比较全面的。

表6-2 国内相关文献中的阅读推广活动评价一级指标(维度)比较

相关文献作者	评价维度或指标		
王素芳等	图书馆:人员;活动;经费;整合	参与者:满意度;受益度	社会影响:活动规模;活动持续性推广;活动公平度等

相关文献作者	评价维度或指标		
尹秀波	—	读者:读者满意度;阅读心理;阅读能力;阅读行为	—
卢苗苗等	图书馆:活动保障程度;活动实施质量	参与者;参与者满意度;参与者受益度	活动绩效
余小玲	图书馆(阅读推广活动基础):馆藏文献资源;设施设备资源	阅读推广活动过程	阅读推广活动结果
岳修志	图书馆:投入的时间;人力;财力;物力;合作程度	大学生:参与广度;参与深度;满意度	—

上述研究中,阅读推广活动的评价指标主要围绕活动的要素或过程提出,比如活动的参与方面,有图书馆、参与者(读者或用户);有的指标涉及阅读推广活动的过程,如活动规模、媒体,以及参与者在活动前后能力或行为的对比。以上这些是否可以根据阅读推广活动的要素进行评价呢? 活动的"效益"或"读者满意度"是指标,还是标准? 是否可以作为一级指标呢? 是否需要将"读者满意度"进行有效分解? 评价指标提出的依据和根本目的是什么?

因此,有必要对于活动的工作内容、评价指标、绩效标准之间的关系进行辨析,根据工作内容标准和岗位任职能力标准确定指标。过程如下:

首先要分析和归纳阅读推广活动的工作内容,其次提取评价绩效指标,最后确立绩效标准。在确定阅读推广活动的评价体系中,要善于识别出"关键绩效指标",同样要区分出"关键绩效行为"。

(三)阅读推广与全民阅读体系的区别

夏立新等从组织维、资源维、用户维 3 个角度探索全民阅读评估标准体系框架的构建,认为全民阅读工作的概念是"各种阅读设施及服务",阅读推广(活动)的概念则是"为促进人们阅读而开展的相关活动。"从宏观上看,全民阅读工作和阅读推广活动基本是相同的。另外,该文提到了"宣传与推广的评估",是对阅读推广活动评估的直接内容。该文认为,阅读推广的评估包括两个方面:一是对舆论宣传的评估;二是对阅读推广项目的评估。这和王素芳等提出的阅读推广评估指标中的"图书馆"和"社会影响"类似。王素芳等提出的"参与者"的维度体现在夏立新等论文的"阅读资源的利用"部分。

(四)阅读推广活动案例评选中的评价指标

首届全国高校图书馆阅读推广案例大赛于 2015 年 10 月 15～16 日举办。决赛现场评审具体评分标准分为:创新性、可操作性、可持续性、效果、演示效果。

创新性是针对常见的阅读推广活动而言;可操作性是案例与实践结合的程度;可持续性是案例是否可以多次举办;效果则是对于读者或社会而言;最后的演示效果是现场表现。创新性和可持续性是对于活动管理的评价,可操作性是活动的技术要素,效果则是对于活动的整体评价。前 4 项标准对于单个活动评价具有参考作用。

二、阅读推广活动绩效评价指标的内容及分类

可以借鉴有关评价的文献大致可分为:

第一,对于项目的评价,尤其是公共项目的评价;

第二,对于一般社会活动的评价,阅读推广活动是一类社会活动;

第三,对于服务的评价,阅读推广活动本质上是一种服务,而且是公益性的服务;

第四,对于系统的评价,阅读推广活动是系统的活动;

第五,图书馆相关评价,图书馆目前在阅读推广活动中有重要的力量,图书馆相关的评价对于阅读推广活动评价有着积极参考作用。经过比较以上五方面研究的内容,发现在评价方面均有交叉。公共项目评价的内容对于阅读推广活动评价的理论支持,以及拓宽目前国内对于阅读推广活动的评价研究有着重要帮助。因此,本研究着重提出基于公共项目视角的阅读推广活动评价指标体系。

(一)管理绩效

这是阅读推广活动绩效评价的基础和重要组成部分。管理绩效评价重在阅读推广活动过程的评价,单个阅读推广活动重在战术管理绩效,单位和区域的阅读推广活动重在战略管理绩效。管理绩效主要由阅读推广活动组织者提供。

(二)技术绩效

阅读推广活动不再是简单发布通知,组织一些用户到现场开展活动。在信息化、移动化、用户兴趣多元化的时代,需要借助信息化技术、有效的传播渠道、吸引读者;要具有特色的宣传内容、快速准确的联络工具、用户与活动互动的平台、易于展示的活动现场、便于管理活动文件的交流与存放系统等。这些都要采取一些先进的、适用的、合理的、可靠的、高效的、可维护的技术,而且还要考虑阅读推广活动的管理者和执行人员相关的技术水平。

(三)经济绩效

阅读推广活动绩效评价必须要有经济绩效,而阅读推广活动的外在表现,主要是活动的投入和产出。阅读推广的经济绩效重在"绩",而非"效",因为阅读推广活动重在宏观效应。单位和区域的阅读推广活动要尤其强调经济绩效。经济绩效主要由阅读推广活动组织者提供。

(四)社会绩效

在公共财政框架下,阅读推广活动必须要把社会绩效放在首要甚至是决定性位置。社会绩效的重点在于单位和区域阅读推广活动的成效,主要由阅读推广活动组织者提供,要基于读者满意度采取方法。

(五)环境绩效

主要是对于阅读环境和文化环境的改善程度,重点在于单位和区域阅读推广活动的成效。

(六)可持续发展绩效

主要在于阅读推广活动投入、方式的可持续性,以及参与者人数的可持续性。

三、基于公共项目视角的阅读推广活动评价指标体系

(一)阅读推广活动管理绩效评价要素、内容和指标

活动管理的效果主要从三个方面完善和提高:活动组织者的管理能力和素质;开展过程因素,如活动成本、质量、进度的管理绩效等;综合管理因素,如活动的制度、规划过程、监管、文档管理绩效等。管理绩效对于单个阅读推广活动评价和某单位在某一阶段的阅读推广活动更为重要。

为了提高阅读推广活动的管理绩效,管理者需要重视和完善上述要素和内容,但是考核的要素和内容不是评价指标体系。比如在活动的管理过程上,有固定的阅读推广组织人员、活动、场所,甚至经费,但活动效果不一定就好。管理绩效指标可以从管理绩效考核的要素和内容上进行提取,从比较的结果看,需要一些比值才能反映出阅读推广活动的管理绩效。确定阅读推广活动管理绩效评价指标体系及其应用范围见表 6-3,其分为 3 个二级指标,25 个三级指标。表 6-3 中的"使用范围"选项:单个,即单个阅读推广活动;单位,即单位某一阶段的阅读推广活动;区域,即区域某一阶段的阅读推广活动。

表 6-3 阅读推广活动的管理绩效评价指标体系及其使用范围

序号	二级指标	三级指标	使用范围
1		活动面向用户特点的针对性	单个;单位;区域
2		阅读推广人员与单位内人员数量的比值	单位
3		管理者、执行者、参与者(志愿者)的比例	单个;单位;区域
4	1.1 组织者的管理能力	活动组织者推荐图书的能力	单位;区域
5		组织者书评编写的能力	单位;区域
6		组织者文本编辑的能力	单位;区域
7		活动信息发布的数量与组织者人员数量之比	单个
8		活动获得组织或上级领导参加次数与活动次数的比值	单位;区域
9		区域阅读推广活动机构出台相关文件年度增量	区域

序号	二级指标	三级指标	使用范围
10		用户参加活动的意愿	单个;单位
11		用户与活动组织人员的(包括网络)互动次数	单个
12		用户参加活动的时间与活动组织时间的比值	单个
13		活动正式面向用户举办的时间与活动开始宣传的时间的差值	单个
14		一阶段活动次数与每次活动组织者人数之和的比值	单位
15		一年内参加活动人数总量与每次活动组织者人数之和的比值	单位
16	1.2　开展过程因素	一阶段内活动参加总用户数量与活动总次数之比	单位
17		活动潜在用户的最大数量与实际参加活动用户数量的差值	单个
18		一阶段参加现场活动的用户数量的平均值	单位
19		用户人均参加活动的次数	单位
20		用户参加现场活动的成本(时间和费用)和限制(场地)	单个
21		活动从计划到执行的时间段	单个
22		活动组织时间的平均值	单位
23		活动在上一级机构(精神文明活动)的备案和比例	单位;区域
24	1.3　综合管理因素	活动文档资料的保存程度(实际保存的与应该保存的比例)	单个;单位
25		活动后在组织内宣传报道次数与活动次数的比值	单个;单位

（二）阅读推广活动的技术绩效评价内容、要素和指标

活动采用的技术水平是否先进、对于参与者是否适合、活动能否实现预期目标有着极为重要的作用，包括采用技术进步水平评价、技术适用性评价和技术合理性评价。只要能组织一定的用户参与，或采取一定的技术将读物或知识推向读者，阅读推广就基本可以达到目的。但是由于目前图书等文献资源载体的多形式、传递的多渠道、信息接收设备的智能化等因素，导致阅读推广想把"合适的"读物或知识推向"合适的"读者，就必须采用"合适的"技术。同时，活动组织者的技术水平也影响着活动的效果。中原工学院举办学生荐书大赛决赛时，参赛选手自己制作幻灯片，采取演讲的方式进行比赛，现场观众利用微信投票和评委打分相结合的方式在现场给出总成绩。利用微信平台，观众可以对每位选手评论、点赞，并在大屏幕上显示，现场气氛十分热烈。

可以从技术的先进性、实用性、合理性、可靠性、可维护性、技术效率以及技术人员的水平方面设计评价内容和要素：①技术设备的进步水平：技术的新颖性（活动流程中使用的主要技术是否为同类技术的先导者）、技术的差距性（活动使用的主要技术初次投入使用的时间与目前同类最新技术初次投入使用时间的差距，以年限表示）、设备的差距性（活动使用的主要设备与先进水平设备的年代差距）；②技术设备的适用性：匹配度（活动各流程使用的技术、设备是否相互匹配）、可操作性（设备的操作是否为活动执行者和参与者所掌握）、设备的可靠性和可维护性；③技术人员的技术水平：活动实施人员技术上的操作水平和工作效率；④技术效率：一是节约资源的程度。采用新、老技术完成同样的工作量所节约的时间、人力、经费和其他资源，用百分比表示。如同样是读书征文活动，采取网页公告、电话通知、层层上交、人工查重的方式与采用微博或微信发布、直接提交、系统查重的方式，就会有不同的效率和效果；二是计算机完成工作量的百分比。由于组织、资金、技术的原因，虽然拥有各种先进设备，但得不到充分的应用。技术绩效可以由活动组织者和专家直接打分。

阅读推广活动技术绩效评价指标体系及其应用范围如表6-4所示，分为4个二级指标，9个三级指标。

表6-4　阅读推广活动技术绩效评价指标体系及其使用范围

序号	二级指标	三级指标	使用范围
1	2.1　进步水平	一阶段数字阅读推广活动占所有阅读推广活动的比例	单位;区域
2		活动后文档资料数字化长期保存的程度:实际数字化文档数量与应该数字化文档数量的比值	单个;单位
3		一阶段参加数字阅读推广活动用户数量与参加阅读推广现场活动人数比例	单位
4	2.2　适用性	活动信息发布通道与用户的匹配性	单个;单位
5		用户浏览活动相关信息的次数与参加活动用户数量的比值	单个
6	2.3　技术水平	活动占用场所次数与非占用场所的次数及比例	单位;单位
7		组织者文档网络化编辑和发布的能力	单位
8	2.4　技术效率	活动中与用户交流(网络或现场)的次数	单个
9		活动在社会公共平台(网站、微信、微博、头条)发布信息数量与自有网络发布信息数量比值	单个;单位

(三)阅读推广活动的经济绩效

虽然阅读推广活动无法追求经济效益最大化,甚至不能以经济效益最大化为主要目标,但也要求"低投入、高收益"。活动的经济绩效重在"绩",即投入在活动过程中的消耗、最终转化成什么样的产品或服务及其表现形式。活动的经济绩效评价分为阅读推广财务评价和全民阅读经济评价两个层次的要素。单个阅读推广活动、单位一段时间的阅读推广活动主要考虑阅读推广财务评价,而某区域一段时间的阅读推广活动要同时考虑这两个层次。

阅读推广财务评价要素需要计算直接发生的财务费用和效益,编制财务报表或类似的经费使用表格,考察活动的超额或结余等财务状况,给出财务可行性结论。采取定量和定性结合的方法,但要以定量分析为主。考察的主要是财务投入,包括:人财物力的现金折合;过程中产品和最终产品或服务及其表现形式。

全民阅读经济绩效评价要素主要考虑某区域一定时间段的各种阅读推广活动的总费用的分配和利用及其与区域有限资源的比值,如活动经费投入总量占区域 GDP 的比例、活动经费投入总量占区域 GDP 的比例的年度增量等。

阅读推广活动经济绩效评价指标体系及其应用范围如表 6-5 所示,分为 2 个二级指标,13 个三级指标。

表 6-5　阅读推广活动经济绩效评价指标体系及其使用范围

序号	二级指标	三级指标	使用范围
1		组织者举办活动产生的直接费用与用户参加人数的比值	单个;单位
2		活动费用支出与阅读推广人员成本比例	单个;单位
3		部门年度活动经费与业务经费之比	单位
4	3.1　财务评价	部门年度活动费用(直接费用)占部门费用之比	单位
5		部门年度活动经费与文献资源购置费之比	单位
6		一阶段活动直接费用与间接费用总和与参加人数之比	单位
7		一阶段活动经费与活动数量的比值	单位
8		年度活动经费占年度总投入经费的比例	单位
9		年度相关活动经费占年度总投入经费的比例的年度增量	单位
10	3.2　全民阅读经济	单位阅读推广活动经费占单位精神文明建设经费的比例	单位;区域
11		单位阅读推广活动经费占单位精神文明建设经费的比例年度增量	单位;区域
12		年度全民阅读经费投入总量占区域 GDP 的比例	区域
13		年度全民阅读经费投入总量占区域 GDP 比例的年度增量	区域

(四)阅读推广活动的社会绩效评价内容、要素和指标

阅读推广活动的公益性和社会整体福利特点决定开展和管理阅读推广活动必须考虑其追求与社会目标的一致性,主要需要调查和预测阅读推广活动产生的社会影响和社会效益,分析阅读推广活动和所在地区社会环境的相互适应性与可接受程度,可以从社会文化绩效、社会经济绩效和社会环境绩效三方面

考虑。

社会文化绩效主要包括：社会公众对于阅读推广活动的满意度，社会公众阅读自我满意度。可以用来评价阅读推广活动对社会公众的间接影响。

社会经济绩效包括：图书、相关媒体和机构等文化市场就业系数（评价一定时期内阅读推广活动投资带来就业人数增加的效果）、劳动生产率贡献度（评价区域内相关文化市场生产先进或落后的状态）、科技进步效果（评价阅读推广活动为所在区域在文化产品技术开发、普及与应用方面的贡献）。

社会环境绩效包括：对不同类型参与者（主要是不爱阅读、不会阅读、阅读困难参与者）的影响效果；对某区域不同经济发展水平范围的人口的影响效果；对文化、宣传、教育环境的影响效果（评价阅读推广活动实施前后对所在区域文化、宣传、教育等机构的变化数量）。

阅读推广活动社会绩效评价指标体系及其应用范围如表 6-6 所示，分为 3 个二级指标，11 个三级指标。

表 6-6　阅读推广活动社会绩效评价指标体系及其使用范围

序号	二级指标	三级指标	使用范围
1	4.1　社会经济绩效	人均购书数量的年度增量	单位；区域
2		（三年来）区域纸质图书出版量年度增量	区域
3		（三年来）区域电子图书出版量年度增量	区域
4	4.2　社会环境绩效	参与活动用户获奖（被表彰）数量占参与活动用户数量比值	单位
5		一阶段活动案例获得省、市级以上协会或单位表彰及获奖次数与活动举办次数比例	单位
6		活动后在社会媒体报道次数与活动次数比值	单个；单位
7		参加活动用户对活动的满意度	单个；单位；区域
8		参加活动的用户阅读自我满意度	单位；区域
9		阅读推广微信公众平台 WCI 数值阶段时间内的提升名次	单位

序号	二级指标	三级指标	使用范围
10	4.3 社会文化绩效	人均年度阅读图书数量	单位;区域
11		(人员)公民阅读自我满意度	单位;区域

(五)阅读推广活动的生态环境绩效评价内容、要素和指标

阅读推广活动对于社会的生态环境也有一定的影响。首先是活动过程中的产物,如宣传材料、广告幅等;其次是活动最终产品或服务及其存在的形式,如专家报告现场及其视频载体、现场大屏幕、读书征文文集等;最后是阅读推广活动导致各种类型的文献(纸质和电子)的生产和发展的情况对于社会生态环境的影响,比如造纸业、废旧电子产品处理对于社会生态环境的影响。值得注意的是,阅读推广活动相比其他项目或活动,对于社会生态环境的负面影响是微小的,甚至是"环保"的活动。

阅读推广活动生态绩效评价指标包括:第一,生态环境绩效。因阅读推广活动而新产生的基础设备,如图书馆、文化馆、农家书屋、书店的生态环境绩效,如附属的草地等;第二,美学及环境质量绩效。如一些附属设施、广告宣传条幅与原有景观的和谐性;第三,自然资源节约及综合利用绩效。如利用电子屏取代印刷的大型广告幅,利用微信等平台发布的各类信息取代了部分纸质材料。

阅读推广活动环境绩效评价指标体系及其应用范围如表 6-7 所示,分为 3 个二级指标,8 个三级指标。

表 6-7　阅读推广活动环境绩效评价指标体系及其使用范围

序号	二级指标	三级指标	使用范围
1	5.1 生态环境绩效	区域各级图书馆、文化馆、书店等阅读推广机构的年度增量	区域
2		活动提供相关信息的印刷型资料的数量和数字型资料的阅读次数之比	单个
3		组织方通过网络发布活动信息的数量与用户点击量的比值	单个;单位
4		活动通过网络发布信息次数与活动发布信息总次数的比值	单位

序号	二级指标	三级指标	使用范围
5	5.2　美学及环境质量绩效	区域投放阅读推广（全民阅读）印刷型广告（宣传）的数量阶段时间（年度）增量	区域
6	5.3　自然资源节约及综合利用绩效	区域发布有关阅读推广（全民阅读）多媒体信息数量在阶段时间（年度）的增量	区域
7		阅读推广活动中相关数字化信息的点击次数与数字化用户的比值	单个
8		一阶段内不需要专门经费（或免费）活动次数与所有活动次数比值	单位

（六）阅读推广活动的可持续发展绩效评价内容、要素和指标

阅读推广活动的可持续发展是涉及文化、经济、社会、技术及自然环境的动态的综合概念，其主要包括自然资源和生态环境的可持续发展、经济的可持续发展和社会的可持续发展三部分。

首先，阅读推广活动相关的人财物力需要每年都能够持续投入；其次，一些阅读推广活动能够每年持续地开展。阅读推广活动的持续开展，可以推动公众更多地购买或借阅图书等文献。无论是纸质版还是电子版，都会给文化相关市场带来经济上的持续增长和质量上的持续提升（虽然无法将图书的销量与质量与阅读推广活动效果直接画等号）；最后，阅读推广活动在满足当代人阅读需要的同时，会给下一代人阅读带来更多的益处。

阅读推广活动的可持续发展绩效评价指标包括：第一，阅读推广活动自身的可持续绩效。包括目标绩效，即从目标实现程度、差距分析角度评价阅读推广活动各类目标是否实现；机构与运行机制完善程度，即从组织设置、运营机制等角度，评价阅读推广活动的可持续发展能力。第二，经济增长的可持续绩效。包括单个、单位或区域各类阅读推广活动投入的费用的基数及其年增长率；文化等产业发展的贡献，评价阅读推广活动对所在区域产业的增加值、文化产业产值的变化率等产业发展方面的贡献。第三，环境与资源的可持续绩效。包括资源可持续利用的贡献、对自然环境的影响，用来评价活动与自然资源、环境之间的协调

发展程度,包括活动中产生的各类信息及其载体的可持续和可循环利用的程度。第四,社会发展可持续绩效。包括对国民受教育程度变化率的贡献,对人均阅读图书增长率的贡献。严格意义上,应该是阅读推广活动前后、活动从无到有后上述两指标在某单位或某区域的对比。还有创新能力贡献,就是评价阅读推广活动对所在区域自主创新能力提高的贡献。

阅读推广活动环境绩效评价指标体系及其应用范围如表 6-8 所示,分为 4 个二级指标,16 个三级指标。

表 6-8　阅读推广活动可持续发展绩效评价指标体系及其使用范围

序号	二级指标	三级指标	使用范围
1	6.1　活动自身的可持续绩效	阅读推广活动结束后,用户通过网络访问文档资料的点击次数和阅读推广活动当时参加人数(点击次数)的比例	单个
2		图书被推荐后相关图书阅读次数的增值	单个;单位
3		用户再次参加该项活动的意愿	单个
4		用户继续参加其他阅读推广活动的意愿	单位
5		用户参加本单位与外单位联合举办活动的便利性	单位
6		用户愿意参加本单位与外单位联合举办活动的数量	单位
7		愿意参加本单位与外单位联合举办活动的人数	单位
8		参加活动用户对阅读推广活动的满意度年度增量	单个;单位;区域
9		参加活动用户的读书自我满意度年度增量	单位;区域
10	6.2　经济增长的可持续绩效	活动专项经费三年来(或三个阶段)的比值	单位;区域
11	6.3　环境与资源的可持续绩效	(三年来)区域内单位阅读推广活动机构年度增量	区域

续表

序号	二级指标	三级指标	使用范围
12		年度自有图书总量与读者图书借阅次数之比年度增量（含有图书馆及其类似部门的专用指标）	单位
13	6.4　社会发展可持续绩效	人均借阅图书数量的年度增量（含有图书馆及其类似部门的专用指标）	单位
14		人均年度阅读图书增量	单位；区域
15		三年来参加活动的用户的年度读书（纸质和电子）数量的年度增值	单位
16		（公民）阅读自我满意度年度增量	单位；区域

　　多数国内参考文献中是以图书馆为主体研究阅读推广活动。虽然在当前我国的阅读推广活动实践中，图书馆已成为中坚力量，但是也有一些非图书馆部门或机构进行阅读推广活动，所以阅读推广活动的评价不能局限于图书馆界。本文初步得出阅读推广活动在6个方面的一级评价指标：管理绩效、技术绩效、经济绩效、社会绩效、环境绩效、可持续发展绩效，还有19个二级指标、92个三级指标。

　　与其他文献提出的阅读推广活动评价指标相比，具有如下优势和科学性：

　　第一，本文提出的阅读推广活动评价指标体系适用于活动的任何承办单位，也包括图书馆。

　　第二，从管理、技术、经济、社会、环境以及可持续发展等更广泛的范围来评价阅读推广活动，兼顾了单个、单位和区域阅读推广活动的不同特点，这6个一级指标在单个、单位和区域阅读推广活动权重有所不同。管理、技术、经济绩效更侧重于单个和单位的阅读推广活动的评价，社会、环境、可持续发展绩效更侧重于区域阅读推广活动的评价。单个阅读推广活动是最基本的阅读推广活动，众多的单个阅读推广活动构成了单位的阅读推广活动，众多单位的阅读推广活动构成区域阅读推广活动。但是在单个阅读推广活动之间、单位阅读推广活动之间的关系并不相同，在评价阅读推广活动时不能忽略。而且单个以及单位阅读推广活动之间的关系将是活动的社会、环境以及可持续发展绩效的重要内容，因此本文提出的阅读推广活动评价指标更具有系统性。

第三，单个阅读推广活动的评价是单位阅读推广活动评价的基础，同理，单位阅读推广活动评价是区域阅读推广活动评价的基础。采用一套阅读推广活动的评价体系，在阅读推广活动评价实践中较为可行。同时，可以充分考虑到这三个层次的阅读推广活动在一套评价指标体系中的不同权重，能够实现阅读推广活动评价上的科学性。

下一步的工作包括：第一，第三级指标有一定的重复现象，需要删除和调整；第二，对于各级指标名称需要进一步凝练和规范化；第三，对于各级指标需要给出计算方法；第四，各级指标的权重需要通过层次分析法、熵权法等方法得出；第五，这些指标的确定，需要通过德尔菲法以及其他方法最终确认和优化；第六，这些指标.需要在实证中进一步验证和修改。

第七章

高校图书馆数字阅读推广方法研究

第一节　高校图书馆主要的网络阅读推广类型

数字阅读是在移动网络迅速普及下日益发展的一种阅读行为,主要是基于计算机、手机、电子阅读器等网络终端的阅读,与之相关的概念包括新媒体阅读、网络阅读与移动阅读。

中国互联网络信息中心发布的第 42 次《中国互联网络发展状况统计报告》显示:我国网民规模为 8.02 亿人次,互联网普及率达 57.7%,使用手机上网人群的占比达 98.3%;阅读网络文学(不含有声阅读)的网民占 50.6%,较上半年增长 7.5%;阅读手机网络文学的网民占 48.3%,较上半年增长 10.8%;有声阅读用户规模已达 2.32 亿人次,占网民总体的 28.9%。中国新闻出版研究院发布的《第十五次全国国民阅读调查报告》的数据显示:我国国民数字化阅读方式(网络在线阅读、手机阅读、电子阅读器阅读、Pad 阅读等)的接触率为 73.0%,我国成年国民人均每天接触手机时长为 80.43 分钟,人均每天接触互联网时长为 60.70 分钟,人均每天微信阅读时长为 27.02 分钟,人均每天使用电子阅读器阅读时长为 8.12 分钟;成年国民听书率为 22.8%,选择"移动有声 App 平台"听书的国民比例为 10.4%,选择"微信语音推送"听书的国民比例为 5.3%。中国人均阅读图书数量大幅提升,其中纸质书年人均阅读量达到 7.5 本,电子书年人均阅读量达到 10.1 本,超六成读者未来将选择电子阅读。用户选择阅读 App 和电子书的参考因素主要依赖榜单推荐、社交信息、应用市场搜索发现、朋友推荐、社交网络推荐和图书排行榜等方式。这些由不同机构开展的调查数据均显示出我国网民规模、手机网民数量、数字阅读及有声阅读用户数量均呈增长之势,尤其是选择数字阅读方式的青年一代的比例越来越大。

在数字阅读盛行的当今,以青年学子为主要用户的高校图书馆,需要适应青年一代的阅读行为喜好,开展网络化、创新性的数字阅读推广工作。

一、阅读推广网站建设

问卷调查结果显示,61.58％的高校图书馆创建了与阅读推广相关的专题网站。同时,网站调查的结果显示,42 所双一流建设高校图书馆中有 27 所创建了与阅读相关的专题网站,具体见表 7-1。

表 7-1　双一流建设高校图书馆创建的阅读相关专题网站名称与栏目

单位	专题网站名称	单位	专题网站名称
北京大学图书馆	新书通报、阅读推荐(教授推荐阅读、学子推荐阅读、新书通报)、在线展览、宣传推广活动(读书讲座、年度阅读报告、文化工作坊、展览)	上海交通大学图书馆	文化校园:鲜悦、思源悦读、思源讲坛艺术走进校园、思源阁
清华大学图书馆	读在清华	同济大学图书馆	文化活动与阅读推广:立体阅读 & 读者服务月、闻学堂、博物馆、悦享德图、文化嘉定、网上展厅、其他
中国人民大学图书馆	读史读经典(全文网站)	华东师范大学图书馆	书香嘉年华
北京师范大学图书馆	专家讲座、读书活动	南京大学图书馆	南大悦读经典、读书节
中央民族大学图书馆	新书推介	浙江大学图书馆	文化展厅
武汉大学图书馆	阅读推荐	东南大学图书馆	阅读推荐、东南大学读书节、书乐园、读书会
郑州大学图书馆	阅读推广、微信公众号"书香郑浓"	重庆大学图书馆	文化育人

单位	专题网站名称	单位	专题网站名称
中南大学图书馆	读书月活动	电子科技大学图书馆	全民阅读示范基地
哈尔滨工业大学图书馆	阅读推广、读书节专题	西安交通大学图书馆	100本经典（全文网站）
山东大学图书馆	文史书架	西北农林科技大学图书馆	阅读推广
吉林大学图书馆	白桦书声	西北工业大学图书馆	共读时光、西北工业大学知名教授推荐书单
东北大学图书馆	大学生素质导读书目	兰州大学图书馆	书香兰大
中国海洋大学图书馆	文化展厅海大讲坛	新疆大学图书馆	读书月专栏

从各图书馆创建的阅读推广专题网站内容来看，主要分为四类：

（一）阅读推荐网站

通常包括新书推荐、借阅排行榜推荐、经典推荐、教授及学子推荐，北京大学图书馆和清华大学图书馆在此方面颇具典型性。北京大学图书馆的"阅读推荐"专题网站包括"新书通报""教授推荐阅读"和"学子推荐阅读"。"新书通报"设置了按月、馆藏地分类的浏览方式，按上架时间、分类号、题名、作者、关注热门程度排序，并设置有"热门关注图书榜"。每一本新书，展示的元素除了出版项，还包括图书封面图片、内容简介、作者简介、目录、索书信息、相关图书。"教授和学生推荐阅读"标明了推荐图书的出版项及索书信息。清华大学图书馆的"读在清华"专题网站包括"专题书架""每周甄选""新书通报""借阅排行"四个栏目。"专题书架"指定期按照主题拟定推荐阅读书单，如新生入校时推出"大学第一课"专题，鼓励大学生创新创业的"年轻人，创业吧"专题，讲述学校历史、增强学生对学校的认同感和归属感的"清华人与清华大学"专题，庆祝全民族抗战胜利70周年的"抗战胜利70周年"专题，针对专门的文学经典著作的"陈忠实与白鹿原"专题等。"新书通报"是指定期通报有关社会科学、文学、艺术、自然科学、生命科学、医药学、工业技术、综合性图书等类别的新书。"每周甄选"指每周精选推荐一定数量的新书。"借阅排行"指以年度为单位,按照每种图书在图书馆借阅的次数列出图书借阅排行榜,分总榜、社科类、科技类和文学类四个类别。对于所推荐的图书,网站提供题录信息、馆藏信息,以及从其他网站抓取的图书简介、豆瓣书评和相关视频信息、社会化阅读信息,以及在线试读功能。

(二)经典图书全文网站

南京大学图书馆的"南大悦读经典"、中国人民大学图书馆的"读史读经典"、西安交通大学图书馆的"100 本经典"都是为推广经典阅读而创建的全文图书网站。

(三)线上展览

例如,北京大学图书馆的"在线展览",同济大学图书馆的"网上展厅",中国海洋大学图书馆的"文化展厅"。

(四)历年阅读推广活动汇集展示网站

例如,南京大学图书馆和东南大学图书馆的"读书节"网站。

设计阅读推广专题网站,关键要考虑读者的兴趣与感受,因此专题网站的名称需令读者一眼即知其内容,以吸引读者进入到网站去查看。在此方面,东南大学图书馆的设计可谓一目了然。该馆与阅读推广相关的专题网站有:①"阅读推荐":基于国内高校各类推荐书单、国内知名图书馆借阅排行榜、亚马逊书城和当当网近三年图书排行榜、豆瓣热门书单、BBS 读者推荐等 12 种书单来源,整理成文学、哲学、艺术、历史、经济、社会政治、心理健康、科学素养 8 个版块,共计 500种图书。每周三在图书馆微信公众号和网站上同步推出最新一期书单。②"阅读推广":下设"读书节"(历年读书节活动)、"书乐园"(馆办读书刊物)、"读书会"(学生读书社团)。兰州大学图书馆创建的"书香兰大"专题网站则是较全面地汇集和展示阅读推广工作的代表,设有工作动态、阅读视界、好书推荐、精彩书评、阅读排行、阅读之星、图书捐赠与漂流专栏。

二、微信阅读推广

在移动阅读、社交阅读模式迅速普及的当下,人们获取信息的渠道、方式极为丰富。图书馆也相应地推出了基于微博、微信等平台的线上阅读服务。微信占中国移动流量消耗额的34%。基于微信广泛的影响力,高校图书馆越来越多地通过它来开展阅读推广工作。从问卷调查结果来看,83.62%的高校图书馆将官微(包括微博与微信)作为阅读推广的宣传推介平台,38.42%的图书馆甚至创建了专门的微信公众号。目前图书馆阅读推广对于微信的应用主要基于它的信息推送功能与社群功能。

基于微信公众号,图书馆主要推送的信息内容包括:①阅读活动通知与报道;②图书推介信息,通常为新书、热门图书、经典图书、获奖图书等;③书评,主要来源于师生创作或是书刊媒介上发表的专业书评;④排行榜书单,包括借阅排行榜、综合性图书销售排行榜书单等;⑤推荐书单,通常由学者名流开列。这类推送有的作为图书馆官微的阅读专栏定期发布,具备持续性与常规性;有的直接作为图书馆推送信息发布,相对而言随意性较强。沈阳师范大学图书馆是创建官微阅读专栏的典型代表。该馆微信公众号后台专门开辟了好书荐读栏目,在该栏目下有"畅销书榜""借还书榜"等馆内图书榜单;有"新书上架"的新书收藏清单对新书进行推荐阅读;有"书人书事"专栏选录名人阅读故事,鼓励读者开卷阅读;"每日一书"专栏每日推荐一本馆藏图书,让读者更多地了解深藏于图书馆的好书;"获奖图书"栏目从获得奖项认可的视角,向读者推荐获奖好书。北京科技大学图书馆获得国际图联第一名大奖的案例即是在图书馆微信公众号上设置"READay"专栏,每天推荐一本图书,推荐的内容由学生原创的书评和书中精彩片段构成。

除了信息推送,图书馆往往会综合利用微信公众号的社群功能,主要有两类应用:①创建阅读交流群,群内可以发布各类与阅读相关的知识、资讯,可以举办线上讲座,也可以群员交流;②促使参与读书活动的成员在朋友圈发布关于所读图书、读书心得、阅读图照等信息,通过成员的阅读情况、阅读活动的朋友圈影响力来综合评定阅读推广成效。

多数高校图书馆通过应用公众号推送信息或是创建阅读专栏的方式来推广阅读。阅读专栏有自建及依托于商业阅读平台创建两种模式。鲁东大学图书馆王宝英等人的调查发现,部分图书馆依托于"超星微平台""书香中国互联网数字阅读平台""e博在线""畅想之星""智读""龙源期刊""汇文系统"等创建图书馆微信公众号中的阅读推广栏目。其中,前两个平台被采用较多。另外,也有图书馆创建了以阅读推广为核心的图书馆微信公众号。西北工业大学图书馆推出了"书小白"阅读推广平台，菜单包括"我的图书馆""小白攻略""活动概要""优选书单""积分查询""我要上墙""导师征集""我要谏言"，以做任务、赢积分、升等级为基本思路，通过线上提交作业（包括阅读瞬间图片、朗读音频、读书感悟、沙龙发言等）、上墙展示、推荐作品、问答互动，线下配以沙龙、微讨论、观影等现场活动，来陪伴及引导"书小白"向"书小生""书小儒""百分大咖"转变。该创新实践获得2016年第二届全国高校图书馆服务创新案例大赛一等奖。

三、自建移动阅读 App

在数字化阅读浪潮下，少数图书馆及出版社自建移动阅读平台，助推数字阅读大力发展。

上海图书馆应对数字化阅读浪潮，研制了基于元数据整合的"市民数字阅读"平台。该平台架构分为三层：底层负责管理图书馆的数字阅读资源；中间层由平台的功能模块组成，包括元数据整合、全文检索、版本控制、数据统计、接口管理；前端主要用于电子书的展示，并适用于不同的展示媒体，如网站、App 与微站。平台主要提供面向大众阅读的通俗类资源，包括 30 余万种电子图书、1500余种电子期刊、500 余种电子报纸及 10000 种网络文学。该平台提供了简单的检索功能和分类浏览功能，极大地方便了读者利用移动设施免费阅读合乎版权要求的书刊，个性化功能、交互功能均有待提升。超星公司面向高校推出电子书App，读者扫描安装该 App 后，即可在移动终端浏览（热门图书浏览、分类浏览、书友上传图书浏览）、搜索该机构提供的电子书，可以选择自己感兴趣的书展示在首页，阅读过程中可添加书签，也可以上传自己愿意分享的图书。这两个平台的内容侧重于大众数字阅读，在功能方面，智能型推荐及社交化阅读功能上均有待加强。中华书局推出了"中华经典古籍库"微信平台，内容覆盖了中华书局历年出版的经典古籍图书点校本，会员可进行阅读全文、做笔记、分享页面、检索、查阅联机字典、纪年换算等功能操作。该微信平台可谓是古籍与移动平台结合的有益尝试，对图书馆创建公益的、具备智能推荐及更丰富的社交阅读功能的经典阅读推广平台具有良好的借鉴意义。

高校图书馆方面则以上海交通大学图书馆上线的"思源悦读"App 为代表。该 App 设置有"阅读室""群组学习""用户阅读分享激励"和"分析推送"四大功能模块。"阅读室"功能模块可以对多种多样的图书资源进行分类阅读引导,提供方便有效的线上阅读空间。"群组学习"功能模块可以创建、加入和管理群组,在群组内部进行心得交流、互动阅读和感悟分享。群组交流分为话题吧、兴趣吧、学习吧、共读吧四类,并能根据用户的使用习惯推荐可能感兴趣的群组。"用户阅读分享激励"功能模块可以采用积分制进行用户阅读激励,不管是阅读还是写书评、回复评论、点赞等,或阅读或分享的行为都可以获得奖励积分。"分析推送"功能模块可以对用户的阅读行为和需求进行统计分析,在统计分析的基础上推送相应的服务,并对服务功能进行不断的完善、改进和优化。

综合而言,当前高校图书馆在数字阅读推广方面的许多举措是一种拓展性、探索性的实践。接下来,高校图书馆将借鉴更具读者吸引力的商业性移动阅读应用的功能技术优势,为读者提供公益精选的全文内容平台,让数字阅读更具发展前景。

第二节　移动阅读 App 分析

App 为 Application 的缩写,一般指手机应用程序。根据艾瑞指数对移动 App 的监测显示,电子阅读领域独立阅读设备前 35 名为:掌阅、QQ 阅读、懒人听书、书旗小说、咪咕阅读、快看漫画、搜狗阅读、追书神器、腾讯动漫、看漫画、微信读书、多看阅读、内涵段子、宜搜小说、百度阅读、百度文库、全本免费小说阅读、91 熊猫看书、微博动漫、连尚读书、起点读书、小书亭、免费小说大全、免费电子书、免费追书、2345 阅读王、酷我听书、漫画台、逐浪小说、全本小说、TXT 免费全本电子书、爱奇艺阅读、米读小说、塔读文学、笔趣阁免费小说。其中,掌阅与 QQ 阅读分别以 12117 万台、8489 万台雄居榜首,第三名懒人听书的 2509 万台与之相距甚远。从 App 在发展和运营过程中主要依托优势的角度可以将国内移动阅读 App 大致分为资源类、用户类、技术类、电商类、渠道类:

资源类 App 的运营方主要为内容提供商,包括原创文学网站和出版商等,它们依托自身资源优势开发研制了移动终端化的阅读类 App,如书旗小说、起点读书等。

用户类 App 的运营方主要为自身就拥有大量用户群的公司或平台,在推出 App 后,利用自身大量的用户资源优势在用户间迅速推广,如 QQ 阅读、百度阅读、微信读书、网易云阅读等。

技术类 App 的运营商为擅长移动阅读技术的公司,其主要依托自身的先进技术和创新思维,在移动终端上开发研制出符合用户移动阅读需求的 App。如掌阅 iReader、追书神器、91 熊猫看书、多看阅读等。

电商类 App 的运营方主要为传统电商,它们依托其成熟的电子商务模式开发阅读类 App,如当当阅读、京东阅读等。

渠道类移动阅读 App 的运营方主要为电信运营商,如中国移动、中国联通、中国电信,以它们为主导开发研制的移动阅读 App,主要采用合约机内置移动阅读 App 等方式,依托其自身庞大的推广渠道,快速占据移动阅读市场,如咪咕阅读、天翼阅读等。

值得注意的是,这五大分类并不是互斥的,如 QQ 阅读在初期发展依托的优势为自身大量的用户群,而在腾讯文学发展壮大,尤其是联合盛大集团成立阅文集团后,其原创小说资源越来越成为 QQ 阅读的强大优势。本节将从这五类移动阅读 App 中各选取一款有代表性的 App,分析其在资源内容、功能机制、使用情况等方面的特点。

一、资源类 App——书旗小说

(一)概况

书旗小说以书旗网为基础,依托于阿里文学平台上的小说资源,是一款阿里集团旗下手机阅读 App,经营者为广州阿里巴巴文学信息技术有限公司。阿里文学网站包括:书旗网、阿里文学 WAP 站点、淘宝阅读等。本节以安卓系统下 VIO.6.6.63 版本为研究对象进行分析。书旗小说 App 的默认首页为自己的书架,此外还有书城、免费和原创 3 个栏目。书架栏目摆放自己想要阅读的书籍,新用户下载 App 会自动赠送一定数量的书籍自动上架。书城栏目为 App 的图书资源中心,推荐图书进行阅读。免费栏目为不需花费豆券便能阅读的文本,包括免费的图书、轻小说、漫画和一些互动话题等。原创栏目则是用户用来发布自己原创作品的一个版块,包括原创推荐和自己的创作两部分的内容。

(二)图书资源

书旗小说 App 的图书资源大致包括三个部分,一是阿里文学旗下的网络小说作品。这部分内容为该 App 的主体内容,也是该 App 着力向用户推荐的内容,此类作品由阿里巴巴文学进行制作与发行;二是正式出版的畅销书籍。这一部分图书主要集中在书城的出版版块中,此外书城的榜单版块也有部分有关正式出版书籍的畅销榜、新书榜等内容推荐,这部分图书的版权属于出版社,App上的电子图书与纸质图书的封面保持一致,且保留出版社和版权页信息;三是其他出版图书。这类图书大部分为公版书或者取得数字版权的图书,由阿里文学进行制作与发行,大部分经典图书都属于此类,但是这类电子图书的制作较为粗糙,文字和版式未经审校,质量不高,很难满足用户深入阅读的需求。

(三)阅读界面

书旗小说 App 的阅读界面清爽,阅读书籍时可左右滑动翻页,点击页面中央会在上下边缘处出现工具栏。上方是功能区,可以通过投推荐票、打赏、投月票、查看粉丝榜等方式支持作者,激励创作。该 App 还支持听书功能,听书时可以选择听书的速度(慢速、快速)、声音,也可以设置定时关闭或退出听书模式,还可以下载章节离线阅读,或者跳转到书架查看书籍详情,或将此书的信息分享到微信、微博、OQ 等社交媒体中。下方的功能区主要是对阅读本身的操作和设置,如选择章节、目录,设置阅读界面的亮度,设置字体、字号、颜色主题、翻页模式、护眼模式、行间距等,同时还设有内容、章节报错的通道;此外,还可以在阅读时一键进入评论区,对整本图书进行评论;如果选择特定的一段文字,还可以进行分享(保存为图片进行分享)、评论、复制、报错的操作。

(四)推广与激励机制

1.阅读推荐机制

推荐榜单制度。书城资源浩瀚,用户如何选择是一个难题。书旗小说采用推荐榜单的机制帮助用户选择。以书城版块为例,该版块默认为精选页面,此外也可以按照自己的喜好进入女生、男生和二次元页面。不同的分类页面会有不同的图书推荐。如精品页面所推荐的书包括:最好看的书、精品专场、影视热门出版、点击上万的好书、大家都在搜、最热书单、原创作品、大神巡展、听书专区、根据兴趣匹配、二次元专区、男生最爱、女生最爱等。此外还有分类热门书单、各种原创作品人气榜单、出版作品畅销榜、新书榜、推荐榜等榜单,会员专享图书、完结图书和已出版图书等。定制阅读喜好,可以选择不同的分类主题标签(如现言、穿越、玄幻、都市、悬疑、名著等),根据阅读偏好个性化推荐书籍。

2.互动机制

书旗小说 App 包含两种互动机制,一种是读者与作者之间的互动机制。一方面读者可以通过投推荐票、打赏、月票、在评论区评论等方式与作者进行互动,表达对书籍的喜爱,激励作者创作;另一方面作者也可以通过读者的反馈,调整自己的写作内容或风格。此外,该 App 还可根据读者投票数据形成粉丝排行榜,通过排名鼓励读者投票。第二种是读者之间的互动机制,不过读者之间仅能通过评论和分享到社交媒体进行互动。

3.阅读激励机制

鼓励每天签到,签到页面是一棵小树苗,签到一次则为小树苗浇水一次,寓意阅读的小树苗茁壮成长。累计签到一定时间可获得一定奖励,如抽奖机会、豆券等,使用豆券可以在有效期限内购买商城的图书。

4.阅读反馈机制

读者可以对书籍打分,进行评论;还可以针对具体的某一部分内容反馈错误或有问题的信息。

另外,书旗小说 App 不仅有更新连载书的功能,以方便读者追踪网络小说的内容更新;还有本地导入、Wi-Fi 传书功能,方便读者从别的渠道下载书籍后使用该 App 进行阅读。

二、用户类 App——QQ 阅读

(一)概况

QQ 阅读是腾讯公司于 2013 年开发的移动阅读软件。腾讯文学投资,联合盛大文学成立了阅文集团,统一管理两家旗下各项品牌。整合后的阅文集团包含网络原创阅读、图书出版及数字发行、音频听书三大品牌,而 QQ 阅读则成为三大品牌群的重要移动阅读入口。本节以安卓系统下 V6.5.9 版本为研究对象进行分析。

进入 QQ 阅读 App 时,App 便会询问读者性别,并根据读者性别进行个性化定制。QQ 阅读 App 的默认首页为自己的书架,此外还有"精选""书库"和"发现"3 个栏目。书架栏目摆放自己想要阅读的书籍,新用户下载 App 在免费阅读期间会持续赠送一定数量的书籍自动上架,书架还有导入书籍、按分组找书、批量管理、连载更新提醒等功能。精选栏目为经过编辑推荐后的书籍。书库栏目为该 App 的图书资源中心,可以通过各种方式查找任意一本图书。发现栏目则是一个阅读功能之外的活动中心。

(二)图书资源

QQ 阅读 App 将旗下图书资源分为男生、女生、出版、漫画、音频 5 类,见表 7-2 所示。从表中可见,QQ 阅读 App 拥有 140 多万册图书资源,其中网络小说占 90%以上,正式出版的图书仅有 10 万余册,占总量的 7.2%。

表 7-2　QQ 阅读图书资源分类

类型	数量/册	百分比/%
女生	669326	46.0
男生	660195	45.3
出版	105507	7.2
漫画	16236	1.1
音频	5148	0.4
合计	1456412	100

(三)阅读界面

QQ 阅读界面清爽,默认为带书友想法的阅读模式。可一键切换黑底白字或白底黑字的阅读效果。上方功能区中有"返回""下载投票""打赏作者""是否隐藏想法"等按钮,还可以添加书签、进行全文搜索、查看粉丝榜、查看书籍详情,将书籍分享至微信、QQ、微博等社交媒体。下方功能区中可以查看本书目录,查看个人阅读进度,设置字体、字号、阅读背景、阅读版式等,还可以进入更多设置页面,对翻页方式、导航栏显示、音量键翻页等细节进行更多设置。可以下载人声朗读安装包使用人声听书;可以选择自动阅读,无须用手翻页,可谓懒人福音。每阅读完一个章节,会提示互动,如加入本章讨论,打赏作者等。选择退出阅读界面时会提示加入书架。如果选择特定的一段文字,可以做"写想法""分享""划线""查词典""复制""纠错"6 项操作。

(四)推广与激励机制

1.阅读推荐机制

(1)推荐榜单制度。QQ阅读在"精选"栏目中采用榜单制度来向用户推荐图书,包括排行榜、精品推荐、包月推荐、书单广场、完本小说。仅排行榜就有5类46个榜单。其中较有特色的是书单广场,该广场主要是最新、最热的各类主题书单推荐,还对一定级别以上的会员提供定制个人书单服务。

(2)定制阅读推荐。选择感兴趣的阅读主题,开启专属推荐。

(3)阅读基因。读者在App平台上进行的所有阅读行为都会记录为该用户的阅读基因,并用于以后的阅读推荐。

2.互动机制

QQ阅读App同样包含读者与作者之间互动和读者之间互动两种机制。而且读者不仅可以通过投推荐票、打赏、月票、在评论区评论等方式与作者进行互动,还可以花费书币进行提问,有机会得到作者的语音回答。而且读者不仅可以对某本书进行评论,还可以对这本书的某一特定章节甚至某一段某一句进行评论和互动。

3.阅读激励机制

鼓励每天签到,累计签到一定时间可获得一定奖励。鼓励阅读,可用阅读时长兑换书券,新用户可享受双倍兑换书券特权,但是每次兑换的书券7日内有效。鼓励在平台内的各项操作,可以获得成长值,且该平台有一套较为完善的成长值提升和奖励体系。另外,QQ阅读打开的默认页面上会有醒目的数字提示本周阅读时长(按分钟计算),激励读者阅读。

4.阅读反馈机制

读者可以对书籍打分,进行评论;还可以针对具体的某一部分内容反馈错误或有问题的信息。

5.图书信息维度

QQ阅读可以显示该书的字数,读者评分,读者评分人数,分类主题,作者,收藏数,阅读数,赞赏数,书评条数,参与人数,同作者作品,收录了本书的书单,同一本书的书友还读过的书,其他图书信息(上架时间、出版社、纸质书价格等)。

另外,QQ 阅读书架页面还支持导入书籍、按分组找书、批量管理、连载更新提醒等功能。

三、技术类 App——掌阅 iReader

(一)概况

掌阅 iReader 是掌阅科技股份有限公司的主打产品,该 App 于 2011 年 1 月正式发布。同时还推出了自己的硬件设备——iReader 电子书阅读器。掌阅 App 支持 EBK3/TXT/UMD/EPUB/CHM/PDF 等主流阅读格式。在数字阅读领域,该 App 的月独立设备数量长期保持第一。本节以安卓系统下 V7.4.1 版本为研究对象进行分析。首次打开 App,即提示选择阅读偏好,偏好分类为:出版图书、男生小说、女生小说、漫画·二次元、听书·知识,只有选择阅读偏好后才可打开 App。进 App 后默认首页为书架,此外还有"书城""发现""我的"3 个栏目。

(二)图书资源

掌阅拥有畅销、生活、文学等类别的优质图书数字版权 50 万册。掌阅 App 将旗下图书资源分为出版、男频、女频、漫画、听书、杂志六大类,105 个小类。掌阅对公版书的制作较为精心,以《论语》为例,在正文之前以编辑部的名义增加了序,正文中对字、词、句的注解均可以点击后在原文上直接打开,无须翻页,更加方便读者使用。

(三)阅读界面

掌阅阅读界面清爽,默认为带书友想法的界面,上方功能区有返回、购买、朗读、全文搜索、书圈、投票、增加书签、隐藏想法、分享等按钮。下方功能区有目录、进度条,可以设置亮度、夜间模式、字体字号、翻页方式、繁简体切换等。其中目录页除了可以根据目录跳转到特定章节外,还可以根据想法画线或书签跳转到特定章节。选中阅读界面中某一段文字,可以进行分享、写想法、画线、复制、查词典、查百科、纠错等操作。

(四)推广与激励机制

1.阅读推荐机制

掌阅 App 主要在书城版块中采用榜单制度向用户推荐图书,排行榜包括月票榜、用户喜爱榜、新书榜、主编推荐榜,此外还按照图书的六类分类资源提供不同的推荐榜单。如对于出版图书,就有书城畅销榜、特价折扣榜、更多权威榜等。

此外还会为读者分类提供热门书单、新书书单和好评书单。

2. 互动机制

由于掌阅主要依托的优势为技术，旗下并没有签约作者资源，所以其主要的互动机制为读者之间的互动。读者可以对某本书进行评论，可以选定这本书的某段文字进行评论或分享，App 还专门建立了书友圈子——书圈，读者可以在专门的书圈中分享阅读心得。

3. 阅读激励机制

鼓励每天签到，签到可抽奖领取福利，累计签到一定时间可获得更多奖励。此外还可以完成一定的任务领取奖励，如新人任务、参加阅读计划、日常任务和特定活动任务等。掌阅还会定期组织阅读推广类活动，如邀请青少年的偶像列出书单，组织大家和该偶像共同阅读书单中的书籍，每天打卡签到，并发布阅读心得。

4. 阅读反馈机制

读者可以给书籍投票、打分、点赞、评论，还可以针对具体的某一部分内容反馈错误或有问题的信息。

5. 图书信息维度

掌阅可以显示该书的字数，价格，读者评分，读者评分人数，作者，点赞数，在读数，粉丝数，最新章节，书圈人数和评论数，相似图书推荐，相关书单，图书更多信息（上架时间、免责声明等）。

四、渠道类 App——咪咕阅读

（一）概况

咪咕阅读是咪咕数字传媒有限公司（简称咪咕数媒）开发的一款集阅读、互动等多种功能于一体的手机阅读软件，隶属于咪咕文化科技有限公司，其前身中国移动手机阅读基地于 2009 年初在中国移动浙江公司启动成立，2010 年 5 月正式推出手机阅读业务。2013 年 12 月，中国移动手机阅读业务更名为"和阅读"，2015 年 10 月，正式更名为"咪咕阅读"。本节以安卓系统下 V7.46_18035 版本为研究对象进行分析。该 App 有"书架""推荐""分类""发现"4 个板块，默认页面为"推荐"页面。

(二)图书资源

截至 2018 年底,咪咕阅读平台已累计汇聚超过 50 万册精品正版图书内容,涵盖出版图书、原创小说、杂志、听书等多种内容形态。

(三)阅读界面

咪咕阅读 App 的阅读界面和前述 App 的界面大同小异,上方功能区有反馈、分享、共读书友圈子和评论、加入书架、添加书签、下载、隐藏笔记、显示图书信息等模块;下方功能区可以查看目录和阅读进度,听书,设置夜间显示、字体字号、背景颜色等。选中特定的一段文字还可以进行复制、做笔记、画线、分享,可制作图片分享。如果该书为连载的网络小说,则会增加月票和打赏按钮。

(四)推广与激励机制

1.阅读推荐机制

咪咕阅读在推荐版块设置排行榜,进行阅读推荐,排行榜中根据分类推荐高人气榜单、新锐图书榜单、经典完本、潜力新书、免费畅读榜单。

2.互动机制

如果在咪咕阅读 App 中阅读的图书为连载网络小说,其互动机制包括读者之间的互动和读者与作者的互动。可以对某本书写评论,也可以对特定的文字写下心得笔记,和阅读同一本书的读者进行交流;还可以对作者进行投月票、打赏等操作。如果是出版类小说,则只有读者之间的互动。

3.阅读激励机制

分享送书券,签到领书券,累计签到 15 天可以抽奖,每月全勤可以送书券,所送书券可以在线购买图书。此外,在 App 内进行阅读,阅读超过 30 分钟还可以领取 0.5 元书券,每周领取上限为 5 元。

4.阅读反馈机制

读者可以对书籍打分,进行评论。

5.图书信息维度

咪咕阅读可以显示该书的书名、评分、作者、金额、分类、字数、是否完本、小编推荐评语、书籍简介、视频导读、评论、包含本书的热门书单、作者的其他作品、本书的作者还看过的书、其他推荐图书。

第三节　图书馆阅读平台设计

从当前数字阅读发展的趋势来看，App 是更便于读者随时随地阅读的一种平台。当前图书馆推出的各类数字阅读平台以书单及活动推荐类的内容为主，展示图书全文的较少。商业机构推出的移动阅读 App 的阅读体验、交互感均越来越符合读者阅读心理需求，但主体图书以网络小说为主，且多数为付费服务。因此，对于高校图书馆而言，构建具备优越的推荐机制、阅读体验，增进阅读交流的，以青年学子学业及心理发展需要为主体内容的移动阅读数字平台，将是需要重点突破的数字阅读推广方向。平台的体系架构、展示内容、功能机制、显示界面可做如下设计。

一、体系架构

图书馆移动阅读推广平台的体系架构，可以设计为 3 层：

（一）底层

底层为经典资源管理层，汇集、管理来自电子图书数据库、网络及图书馆数字化的经典及精品图书。

（二）中间层

中间层由元数据整合、版权管理、数据统计分析、接口管理、用户身份管理、虚拟交互社区、浏览模块、检索模块、推荐模块等功能支撑模块构成。

（三）上层

上层为平台，适用于网站、App、微媒体等的应用展示层。

二、内容选取与描述

平台的内容构成，须遵从平台推广经典与精品图书、弘扬优秀传统文化及精神的建设宗旨。因此，平台所展现的内容必须是对读者的人格及精神成长能产生正向影响的经典图书与精品图书，以及相关导读评论性资料。基于这样的宗旨与原则，平台内容的遴选可以遵循两种路径：①搜集整理历史文献学家、心理学家、教育学家等研制的推荐书目，运用统计分析、聚类分析等方法，来精选一批对于文化传承及人格成长养成具有重要价值的经典;②对图书馆的馆藏借阅数据进行挖掘分析,筛选出一批受读者欢迎的精品图书。

书单确定后,一方面需要基于 IT 技术来获取全文资源、相关解读、注释性资源,以及相关多媒体资料;另一方面需要建立有效的揭示、浏览、检索、推荐、交互机制,以方便读者搜索及阅读。为整合异构来源的图书资源,并实现多维展示与浏览,需创建适宜平台功能的图书资源描述元数据规范。

三、功能机制

移动阅读推广平台的功能,主要着力于帮助读者发现自己所需的图书资源,并提供交互机制以便其理解图书所承载的思想与精神。从资源发现的角度,平台需提供浏览、检索及个性化智能推荐机制;从交互的角度,平台需支持读者在阅读过程中摘抄、评价、写书评或读后感、与人讨论等需求。

图书资源的浏览,需支持下述方式:①基于统计排行的浏览,包括基于推荐排行的浏览、基于借阅统计排行的浏览,以及基于评论次数统计排行的浏览;②基于分级阅读目录的浏览,即根据分级阅读目录,为不同年龄阶段的读者推荐适合的图书;③基于年代的浏览,即按图书写成的年代来分类浏览的方式;④基于学科主题的浏览,即根据图书所归属的主题范畴来浏览。

图书资源的检索,除设计作者、题名、出版社等常规检索路径外,还需要实现一站式发现功能,使读者一框检索即能检出含精品图书、解释性作品、相关评论文章等信息全面的检索结果,以方便读者阅读和理解著作内容。

智能化的个性化推荐机制设计是构建新型阅读推广平台的关键。新型的阅读推荐机制应结合文献学、心理学、教育学、计算机科学等多元学科的研究成果,进行多重设计:

(一)基于统计的推荐

1.大师荐书

指基于推荐书目或名师荐书的统计排行推荐。

2.借阅排行

即基于借阅记录的统计推荐。

3.热评图书

指基于有效评价次数的统计推荐。

(二)基于读者身份信息、信息行为习惯的推荐

(1)根据读者年龄、专业、兴趣爱好等为其推荐适读图书。

(2)根据读者浏览、检索、借阅、评论等记录进行推荐。

(三)基于虚拟阅读社区读书者关系的推荐

(1)读此书的人同时也在读,即展示推荐和读者一起正在读某部书的其他人也在读的其他图书。

(2)好友在读,展示推荐读者选择该平台的阅友正在读的图书。

(3)相同兴趣者在读,展示推荐与读者兴趣爱好相同者在读的图书著作。

(4)基于读者添加标签的主题标签去展示推荐。

(四)基于分级阅读推荐书目的推荐

即依据教育学和文献学领域的研究成果,展示推荐适应不同年龄阶段阅读的图书。

(五)基于心理及精神成长需求的问题导向式的推荐

即依据心理学、教育学等学科的研究成果,采用文本挖掘、聚类分析、机器学习等技术,针对读者成长过程中经常遭遇的心灵困惑,推荐相应的图书或多媒体资料。

同时,系统会基于借阅数据,以及图书、推荐人、借阅人之间关系的聚类分析,来改进推荐算法,不断优化智能推荐效果。

在平台的交互机制方面,根据阅读过程的相关情景,如借阅、写笔记或摘录、发起或参与讨论组、写读后感或评论、查阅相关评论并评价、加标签、分享到社交网络、看哪家图书馆有纸本馆藏、看购书信息等,来设计阅读社区的交互机制。

四、界面设计

从读者的角度来看,平台最基础的界面为用户进入界面和图书资源展示界面。

读者经过简捷的身份认证及兴趣主题选择后进入平台,显示界面包括工具

栏和展示界面。工具栏包括搜索框、分类浏览、分级浏览、活动与简讯、阅读圈（好友、讨论小组）、我的（包括个人设置、阅读笔记、书评等）。展示界面显示：①我喜爱的图书；②大师荐读；③热读图书；④疗心经典；⑤你可能感兴趣的图书；⑥好友在读；⑦热点讨论组；⑧热点书评。

在具体图书展示界面，要展示的内容为：①书封；②出版信息，包括书名、作者、出版社、出版年代、丛书项等；③内容简介；④读者添加的标签；⑤该书的解读、注释性作品；⑥讲解该书的多媒体资料，如名师讲授的多媒体资料、相关影视作品等；⑦喜爱的图书、星级、标签、书评、评论、分享，以及读者对于书评及评论信息的评价；⑧在读/已读人数；⑨相关讨论组；⑩图书馆/书商链接；⑪喜欢读此书的人在读图书展示推荐。

参考文献

[1]庞勃.高校图书馆阅读推广服务研究[D].哈尔滨:黑龙江大学,2017.

[2]刘青青."双一流"建设高校图书馆微信平台辅助学科研究[D].合肥:安徽大学,2018.

[3]王天帅.安徽省双一流高校图书馆社会化阅读推广的调查与分析[D].合肥:安徽大学,2018.

[4]王文.面向大学生的安徽省双一流高校图书馆移动阅读服务调查分析[D].合肥:安徽大学,2018.

[5]奚朝辉.我国"双一流"高校图书馆特色数字资源建设调查与思考[D].合肥:安徽大学,2018.

[6]周兰桂,释义与循环——试弈中国文学的"无底棋盘"[M].成都:电子科技大学出版社,2014.

[7]高建平,丁国旗.西方文论经典:从文艺心理研究到读者反应理论[M].合肥:安徽文艺出版社,2014.

[8]刘小枫,陈少明.阅读的德性[M].北京:华夏出版社,2006.

[9]曾祥芹.文章阅读学[M].郑州:大象出版社,2009.

[10]斯特凡·博尔曼.阅读的女人危险[M].周全译,北京:中央编译出版社,2010.

[11]赵枫.大学阅读与图书馆信息服务[M].长春:吉林人民出版社,2018.

[12]黄俊贵,邓以宁.社会阅读与图书馆服务[M].合肥:安徽大学出版社,2010.

[13]李俊国,汪茜.图书馆儿童阅读推广[M].北京:朝华出版社,2015.

[14]邱冠华,金德政.图书馆阅读推广基础工作[M].北京:朝华出版社,2015.

[15]王余光.图书馆阅读推广研究[M].北京:朝华出版社,2015.

[16]郑毅.医学院校图书馆阅读推广活动研究[D].长春:东北师范大学,2015.

[17]孙洁.基于阅读推广活动的河南省高校图书馆服务创新研究[D].郑州:郑州大学,2016.

[18]李伟.基于实践活动分析的国内高校图书馆阅读推广活动优化的思考[D].昆明:云南大学,2016.

[19]胡杰.基于数据挖掘的高校图书馆差异化阅读推广系统开发[D].长沙:湖

南大学,2015.

[20]杜开敏.高校图书馆虚拟阅读社区模型构建研究[D].南京:东南大学,2016.

[21]刘江荣.面向大学生需求的高校图书馆移动阅读服务研究[D].南京:南京农业大学,2015.

[22]刘丽.高校阅读推广活动研究[D].保定:河北大学,2014.

[23]刘治超.高职高专图书馆面向学生的阅读推广活动研究[D].保定:河北大学,2013.

[24]郑雅娟.高校图书馆数字阅读推广研究[D].郑州:郑州大学,2017.

[25]马毽.馆员与高校图书馆阅读文化建设研究[D].郑州:郑州大学,2013.

[26]严素霞.安徽省高校图书馆阅读推广活动调查与分析[D].合肥:安徽大学,2016.

[27]刘丽萍.图书馆阅读服务评价及实证研究[D].长春:东北师范大学,2013.

[28]王笑寒.安徽省高校图书馆阅读推广研究[D].合肥:安徽大学,2015.

[29]吴龙.我国图书馆阅读推广服务研究[D].郑州:郑州大学,2014.

[30]费陆陆.新媒体环境下高校图书馆微阅读服务平台建设与推广研究[D].长春:吉林大学,2018.